KB245942

세상을 움직이는

그녀의 명품 스피치

매혹적이고 당당하게
세상과 소통하는 방법

세상을 움직이는
그녀의 명품 스피치

유혜선, 성연미 지음

소울

빛나는 인생은 한 순간에 찾아온다. 개나리와 벚꽃이 만개한 교정에서 들려온 대학방송 아나운서 모집을 알리는 들뜬 음성, 곳곳에 나붙은 대학방송 모집 벽보를 바라보며 호기심 가득한 여학생의 눈망울은 이내 설렘으로 가득 찼다. 그렇게 시작한 방송생활, 숱한 우여곡절을 경험하며 아나운서에서 프로듀서로, 방송기획자로, 다시 아나운서로, 그리고 지난 몇 년간은 방송 꿈나무들의 인생 조력자가 되어 처음 방송을 시작했던 옛 설렘에 빠져 있다. 방송과의 첫사랑은 미숙했고, 진짜 사랑이 뭔지도 모른 채 이리저리 흔들리다가 이제야 첫사랑을 못 잊어 돌아온 못난 연인처럼, 남은 사랑을 모두 줘버려도 아깝지 않을 '절대 사랑'에 빠져버렸다. 우리가 조금 늦게 깨달아 뒤늦게 후회하는 일들이 얼마나 많은가. 하지만 괜찮다. 늦게라도 진실을 알았다면 그것만으로도 구원을 얻은 것이니까.

40대를 일컬어 공자는 불혹(不惑)이라 표현했다. 흔들리지 않고 미혹되지 않음. 공자의 40대도 그러했을까? 내 인생에서 조금 늦게 알게 된 이 사랑에는 흔들림이 없다. 이제 앞으로 나의 사랑을 위해 내 모든 사랑을 나눠주고 우리 사랑을 함께 하며 모두에게 충분히 느끼게 해주리라. 어렵사리 다시 찾은 것이기에.

오늘도 제자들이 문틈 사이로 내가 있는지 확인하고 아기고양이처럼 살금살금 들어와 갖은 교태와 애교를 부린다. 그런 그들에게 나는 얼러주고 달래주고 보듬어주며 의심하지 않도록, 마음변치 않도록, 영원하도록, 눈빛으로 전하고 표정으로 느끼게 해주며 굳은 의지로 확신을 준다.

우리는 세상과 사랑에 빠진 영원한 아나운서다.

아나운서들의 언어와 철학이 이 땅의 모든 여성들에게 한줄기 빛이 되어주길 바란다.

성 연 미

차례

매혹적인 여성이 되기 위하여

레드카펫, 포토라인, 스포트라이트, 인터뷰, 시선 집중, 박수갈채.

오늘날 성공한 스타들의 모습이다. 그들은 어느 곳에서나 보석처럼 빛난다. 매혹적인 미소, 여유 있는 인사, 풍부한 언변, 경쾌하고 예절 바른 몸놀림. 그 순간만큼은 주목받는 인생이고 스크린에서 뿐만 아니라 현실에서도 영광의 주인공이다.

매년 연말이 되면 TV와 매스컴을 통해 방영되는 각종 방송연예 시상식이 눈길을 끈다. 그러나 그것보다 훨씬 더 눈길을 사로잡는 것은 바로 한 해 동안 방송 진행의 공로를 시상하는 연말 아나운서들의 모습이다. 그 화려한 시상식을 보고 있노라면 광채를 발하는 그들의 모습에 감탄이 절로 나온다. 레드카펫 위 아나운서들의 모습은 아름답다고만 표현하기에는 부족한 성스러움마저 느껴진다. 세련됨을 뛰어넘은 품격 있는 세련됨, 그저 멋지다고 표현하기에는 아쉬움이 남아 더 근사한 어휘로 표현해야 할 것만 같다.

이러한 아나운서들에게 화려함과 미모는 그들이 가진 가치 중 빙산의 일각이라 하더라도, 그것만으로도 사람들의 찬사와 눈길을 받기에 부족함이 없다. 금상첨화로, 아나운서들은 지성적인 매력까지 갖추고 있다. 우리는 아나운서가 되기까지의 과정이 얼마나 어렵고 긴 자기와의 싸움인 것을 잘 알기에 그들의 환한 미소가 더욱 값지다는 것도 알고 있다. 또한 겉으로 보이는 빙산 아래 숨겨진 무한한 잠재능력을 알기에 더 큰 호기심을 느낀다.

아나운서는 다른 저명인사나 연예 스타들과는 차별화된 이미지로 대중으로부터 신뢰감과 존중을 받고 있다. 또 때로는 사회적 보루, 영웅 같은 존재로 부각된다. 왜냐하면 아나운서라는 사명감과 책임감은 혼탁한 사회에서 가야할 길을 제시해주는 나침반과 같으며, 망망대해에서 방향을 안내해주는 등대와 같은 역할을 하기 때문이다.

예를 들면 성폭력 범죄에 관한 뉴스를 전달할 때, 그 사건의 옳고 그름을 따지고 누구의 잘잘못을 탓하며 상처를 주는 주관적인 입장을 전달하는 것이 아니다. 모두가 관심을 갖고 그 문제에 대해 객관적이고 균형적인 시각을 가지고 해결의 길을 찾을 수 있도록 안내자 역할을 해준다. 우리 모두의 문제로 끌어안을 수 있고 긍정적인 합의점에 이를 수 있고 모두가 행복할 수 있도록 사회의 등대 역할을 하는 것이다. 그래서 아나운서는 가장 주도적이고 긍정적인 삶의 주체이다.

그런 의미에서 아나운서의 사고방식은 중요하다. 사회의 등대, 나침반, 교과서처럼 모든 삶의 모범답안 역할을 해주기 때문이다. 사람들이 꿈꾸는 아나운서의 언어, 규범 준수의 삶이 때로는 상투적인 도덕군자의 삶처럼 느껴질 수도 있지만, 그러한 가치기준이 바로 오늘날 대부분의 여성들이 본받고 싶어 하는 품격의 기준이 된다.

하지만 아나운서가 항상 엄격하고 도덕적인 언행만을 추구하는 것은 아니다. 아나운서는 끼와 열정을 가진 엔터테이너의 기질도 가지고 있다. 다매체 다채널시대에 방송의 다양한 방면에서 톡톡 튀는 재능으로 많은 사람들에게 즐거움을 주며 동시에 그들의 사랑과 부러움을 받는다.

아나운서의 존재는 세계, 사회, 국가와 개인을 하나로 묶어줄 수 있는 결속력과 영향력을 가진 사람이다. 세계적으로 유명한 앵커들은 국가의 외교관 역할을 하기도 하고 사회의 어두운 면, 밝은 면이 함께 존재하고 있음을 알리는 메신저 역할을 한다. 삶에 지친 사람들이 현실 도피, 자기 학대, 포기하고 싶은 마음, 부정적인 생각에서 고통을 받을 때 긍정적으로 세상을 바라보고 새로운 꿈을 꿀 수 있도록 온몸으로 보여준다. 그래서 아나운서의 길은 사회의 등불로서 유리알처럼 맑고 투명하지만 각자에게는 힘들고 고독한 길일 수도 있다.

이 책은 품격 있고 매혹적인 아나운서의 자질을 탐색해 오늘을 사는 여성들이 어떻게 하면 자신의 꿈을 이루고 가치 있는 인생을 살 수 있는지 모색하며, 성공으로 한 걸음 다가갈 수 있도록 도와주고자 하는 책이다. 물론 아나운서가 모든 여성들의 절대적인 기준은 아니지만 의식의 수준, 지성, 교양, 엔터테인먼트의 자질을 두루 갖춘 멀티

플레이어형 인간인 것만은 분명하다.

예전에 아나운서로 일하며 삶의 가치를 발견하는 기쁨을 얻은 한 사람으로서, 아직도 방송과 아나운서의 언저리에서 마냥 행복해하는 한 사람으로서, 그들의 매혹의 요인을 샅샅이 찾아내 이 땅의 모든 여성들이 세상과 멋지게 소통하며 성공적이고 아름다운 삶을 살 수 있도록 안내해주고자 한다.

1 매혹

세상과 연애할 준비를 하라

나에게 그 여자는 마술과 신비에 싸인
하나의 꿈이었다.
그녀를 통해 내가 찾는 것은
꿈이었고, 들뜬 영상이었다.
내 마음을 뒤흔들어 놓으면서도
동시에 치열함으로 내 눈길에 와서 매달리던
그 시선을 잊지 못한다.

－르 클레지오, 〈매혹〉 중에서

끌리는 여자는 품격이 다르다

"여자는 여자로 태어나지 않는다. 여자로 만들어진다"라고 말한 시몬느 드 보부아르는, 여자는 남자들(그리고 이 세상)에 의해 '여자로 길들여진다'고 비판했다. 여자로 길들여지는 족쇄는 마땅히 타파해야 하지만 여자로 만들어진다는 말은 새롭게 해석할 수 있다. 자신의 뜻대로 자신의 삶을 만들어가는 것이다. 이처럼 삶을 만들고 바꾸어가는 방법은 아주 많다. 그중 하나가 품격이다. 그리고 그 품격의 대명사가 아나운서이다.

일본 NHK에서 대학생들을 상대로 설문조사를 했는데, 가장 선호하는 직업으로 여학생은 아나운서를, 남학생은 야구선수를 선택했다고 한다. 여학생은 아나운서가 되어 야구선수와 결혼하고, 남학생은 야구선수가 되어 아나운서와 결혼하는 것이 소망이었다고 하니, 아나운서가 사회적으로도 매혹적이고 지적이며 품격 있는 전문가의 대표적 상징으로 인식되어 그런 것이 아닐까 한다.

아나운서라는 직업은 분명 많은 사람들의 주목을 받고, 특히 여성 아나운서는 지적인 아름다움으로 인정을 받는다. 전 아나운서였던 봄온아카데미의 김진숙 강사는, 아나운서의 자부심은 동전의 양면과 같다고 말한다. 아나운서로서의 자긍심이 때로는 그릇된 자만심이 되기도 한다는 말이다. 아무리 외모가 뛰어나고 재능이 있다 해도 기본적인 인성이 다듬어지지 않으면 카메라는 그 사람을 금방 시청자 뒤로 물러나게 만든다. 그러므로 아나운서는 더하지도 덜하지도 말고 너무 강하지도 약하지도 않은 중용을 지켜야 한다는 말이다. 그 중용을 지켜내는 버팀목이 바로 품격인 것이다.

우리는 디지털 시대에 살고 있지만 방송이란 것은 지극히 아날로그적인 개념이 앞선다. 세상이 기계화되고 자동화되는 만큼 사람들은 더 인간적인 것을 그리워하게 마련이 아닐까. 디지털과 일하되 아날로그적인 감성으로, 오늘을 사는 여성들은 이러한 아나운서적인 삶을 참고하면 좋다. 일하는 방식은 디지털로, 마음은 아날로그적으로 사는 것, 일 처리는 세련되고 신속하게 하되 사람을 만나고 사랑을 하는 일들은 아날로그적으로 천천히, 때로는 촌스럽게 말이다. 그러한 삶의 방식은 겉뿐만이 아닌 속 깊은 곳까지 매혹적인 여성으로 만들어준다.

카메라 앞에 선 아나운서라고 상상해보라. 대한민국의 수많은 사람들이 지금 당신을 바라보고 있고 당신의 말에 귀를 기울인다. 어떻게 할까? 어떻게 준비해야 좋을까? 이때 디지털과 아날로그를 결합해서 (이어령 교수의 표현을 빌자면 '디지로그') 방송은 디지털식으로 하되 그 마음과 태도는 인간적이어야 한다. 효과적으로 사람들의 시선을 끌되 마음 깊은 신뢰감을 주는 여성이어야 한다. 매혹적인 품격을 갖춘 여성만이 사람들의 마음을 끌어올 수 있다.

TIPS

매혹과 매력

매혹은 아름다움보다 더 깊은 영혼의 울림이다.

매력魅力은 "마음을 호리어 끄는 힘"이고 매혹魅惑은 "호리어 현혹시키는 것"이다. 매력이 물리적인 능력이라면, 매혹은 그 힘의 화학작용에 의하여 정신적인 변화까지 초래하는 상태를 말한다. 단순히 외모를 꾸민다든지 말을 잘한다든지 하는 매력은 누구나 노력하면 가능하다.

하지만 그 매력이 상대방의 마음을 변화시킬 수 있는 감동과 감성 영역까지 미치기 위해서는 예리한 지성과 자신만의 독특한 색깔과 능력을 지녀야 한다.

아나운서라는 직업의 가치를 진정으로 알고 나서부터, 아나운서의 삶을 준비하기 위해서는 어마어마한 노력이 필요하다는 것을 알았다. 하긴, 다른 사람에게 엄청난 영향을 미치고 무한한 관심과 화려한 스포트라이트를 받는 직업인데 어찌 뼈를 깎는 노력이 필요하지 않겠는가.

오늘날 자신의 분야에서 성공하는 여자들은 현실적인 욕망과 이상적인 욕망이 서로 충돌하지 않고 조화를 이루며 살아간다. 그 조화를 이루어야 완벽한 이미지 메이킹이 가능하다. 또한 성공한 여자들은 다른 사람에게는 착하고 선량하게 대하면서도 자신의 일에는 악착같은 근성을 가지고 있다. 자신을 돋보이게 하는 외모 가꾸기에도 최고의 기지와 전략으로 멋진 모습을 보여준다. 또한 봉사활동이나 제3세계의 기부 활동에는 두 팔 걷어 부치고 나타나 건강하고 싱싱한 땀방울을 흘릴 줄도 안다. 현실적인 직업세계에서는 철저하게 완벽한 업무 처리 능력을 발휘하면서도 약한 자들에게는 배려와 선량함을 베푸는 멀티플레이어 능력을 지니고 있다.

성공한 여자는 이처럼 다양한 모습을 발휘하며 상황에 적절한 또 다른 모습을 구현할 줄 안다. 그러기에 그들은 똑부러지게 야무지다. 공감 능력과 차별화 능력, 어느 한 분야도 놓치지 않기 때문이다. 그리고 그 기본을 이루는 품격이 당신을 매혹적으로 만들어줄 것이다.

현실과 이상의 조화

 오늘날 자신의 분야에서 성공하는 여성들은 현실적 인 욕망과 이상적인 욕망이 서로 충돌하지 않 고 잘 조화를 이루며 살아간다. 그 조화를 이루어야 완 벽한 이미지 메이킹이 가능하다

또 다시 기본으로 돌아가라

많은 여성들이 좀더 멋진 삶과 더 나은 성공을 꿈꾸지만 누구나 다 꿈을 이루는 것은 아니다. 이는 아나운서의 세계에서도 마찬가지다. 아나운서가 동경의 대상이어도 꿈을 꾼다고 해서 모든 사람들이 다 아나운서가 되는 것은 아니다. 모든 여성이 다 신데렐라처럼 될 수는 없다. 하지만 그렇다고 해서 당신이 신데렐라가 되지 말라는 법도 없다. 이렇듯 누구나 자기 나름대로의 인생이 있고 능력이 있으며 처한 환경이 각자 다르기 때문에 출발지도 다르고 도착지도 다르다. 성공한 여성이 있는 반면 실패한 여성도 있고 그저 평범한 여성도 많다.

그렇다면 우리는 어떻게 사는 것이 가장 바람직할까?

우리는 과연 어떤 삶을 살고 싶어 하는 것일까?

서점에 가보면 성공을 가르쳐주는 많은 책들이 저마다 자신만만한 표정으로 진열되어 있다. 세상이 온통 성공 프로젝트 열풍에 휩싸여 있다. 무엇이 성공이며, 성공한다면 모두 행복한 것일까? 학창시절에 공부를 잘했던 친구들은 모두 성공했을까? 부유한 집안에서 태어난 사람은 모두 행복할까? 당연히 그렇지 않다는 것을 우리는 잘 알고 있다. 성공하고 출세한다고 해서 모두 행복한 삶을 사는 것도 아니고 부유한 삶을 산다고 해서 모두 성공한 것도 아니다. 그러나 그리던 꿈을 이루면 그렇지 않은 사람보다 더 행복해지는 것은 사실이다. 왜냐하면 나의 경우가 그러했고, 나의 아나운서 제자들이 그렇기 때문이다. 아마 그 이유는 다른 사람의 판단에 의한 행복이 아닌 내 안에서 원하는 행복을 찾았기 때문일 것이다.

인생은 긴 마라톤과 같다. 직선이 있는가 하면 파란만장하게 구부러지는 곡선도 있다. 평탄한 길이 있는가 하면 가파른 길도 있다. 삶의 길에서 직선을 만나든 가파른 길을 만나든 자기중심의 인생철학을 바르게 갖는 것이 중요하다.

"당신이 지금 동그라미를 그리는 이유는 머릿속에서 동그라미를 생각했기 때문이다"라는 말이 떠오른다. 어떤 상상을 하고 무엇을 창조했느냐에 따라 우리의 미래는 달라진다. 미래를 만드는 것도 결국은 자기 몫이다. 창조적인 삶, "그것은 경험과 의지, 체험과 의욕의 함수"라고 한양대 지식생태학자 유영만 교수는 말한다. 그런데 창조적인 삶이 인정을 받으려면 지극히 현실적인 사람들의 삶의 방식인 '인

생의 기본'을 바탕으로 해야 하지 않을까. 기본 바탕이 제대로 갖추어
지지 않은 꿈은 모래 위에 집을 짓는 것과 같기 때문이다.

　여기서 인생의 기본은 우리 모두가 잘 아는 것들이다. 세상을 살아
가는 기본적 예의이고 원초적 품격이다. 예의는 삶을 살아가는 가장
기초적인 도리를 말하고, 품격은 엄격하게 정제되고 다듬어져 세련된
그 사람의 됨됨이와 그릇을 말한다.

KEY POINT
마라톤보다 긴 인생길

인생은 긴 **마라톤**과 같다. 평탄한 길이 있는가 하면 가파른 길도 있다. 그 길에서 **자기중심의 인생 철학**을 바르게 갖는 것이 중요하다. "당신이 지금 동그라미를 그리는 이유는 머릿속에서 동그라미를 생각했기 때문이다." 어떤 상상을 하고 무엇을 창조했느냐에 따라 우리의 미래는 달라진다.

신나는 **열정**과 창조적 **파괴**

이제는 태어난 국가를 뛰어넘어 세계의 고수들과 소통해야 하는 시대이다. 즉 공감력과 차별화로 승부를 해야 한다. 그러나 두 요소는 동전의 양면이라고 할 수 있다. 차별화만 추구해서 사람들과 너무 동떨어지면 공감 능력이 떨어진다. 그렇다고 계속 공감 능력만 유지하다 보면 다른 사람들이 그어놓은 잣대에 너무 평범하게 순종되어 자신만의 특별한 가치를 찾아내기 어렵다. 자신의 목소리에 힘과 영향력을 실어 담되, 그 힘으로 많은 사람들의 공감대를 이끌 수 있어야 한다.

그래서 평범한 가치의 중요성과 기본 상식을 겸허하고 겸손한 마음으로 배우는 것이 중요하다. 세계시민에게 공통적인 예의와 매너는 창의적인 글로벌 인재들과 어떻게 경쟁하고 협상해야 하는지에 대한 기본적인 약속이다. 상대의 카드를 공평하게 바라보면서 대화하고 합의하는 의사소통의 수단이다.

그렇지만 인격이나 품격이라는 틀에 너무 치우쳐도 부담스럽다. 맑은 물에 고기가 살지 못하듯이 지나치게 도덕적이고 윤리적인 사람은 좀 답답해 보이기도 하고 다가가기 어려울 수 있다. 그들은 세상을 다소 경직되고 획일적인 모습으로 만드는 데 일조하기도 한다. 그러므로 우리에게는 꽉 찬 품격의 탱탱한 긴장감을 바탕으로 그 위에 금기의 파괴, 일상의 탈출, 화려한 욕망, 고혹적인 유혹 등이 필요할 때도 있다. 이러한 파격이 우리의 호기심을 자극하며 이 세상을 재미있고 신나는 열정으로 가득 차게 만들기 때문이다.

존경을 받는 리더는 품격이라는 기본을 철저하게 갖추고 이러한 일탈을 꿈꾸는 창조적 파괴의 고수들이다. 고품격을 바탕으로 하는 일탈과 창조적 파괴만이 예술적 경지로 승화할 수 있다. 그러한 경지에서는 "이건 뭐야!"가 아니라 "와! 멋지다"라는 감탄사가 절로 나온다. 이 멋진 감탄이 세상을 새롭고 아름답게 바꾸어가는 힘이다. 우리가 사는 글로벌시대, 디지털 정보화시대에서는 기존의 전통적인 잣대로 인간의 관계를 결정지을 수 없다. 관계성의 혁명, 새로운 가치의 모델들이 나오고 있다.

그렇다면 국가를 뛰어넘는 글로벌 디지털 시대에 가장 공통적인 가치의 기준이 될 수 있는 사람은 누구일까? 여러 부류의 사람이 있지만 21세기를 리드하는 디지털 영상매체의 주인공인 아나운서도 그중 하나이다. 그래서 아나운서처럼 세련되게 대화하고 품격 있게 행동하며 당당하게 주목받는 자세와 매너, 세상을 사랑하는 법을 배우는 것이 필요하다. 그들처럼 많은 사람들의 공감대를 끌어내는 매혹이 이 사회에서 멋진 여성으로 성공할 수 있는 방법이다.

CHARM 4

성공은 아주 작은 꿈에서부터 시작된다

누구나가 그런 시절이 있었겠지만 한창 감성적인 사춘기 시절에는 시인이 되고 소설가가 된다. 나는 학창시절에 몇 편의 시를 써서 상을 받은 적도 있고, 책을 또박또박 잘 읽어 선생님으로부터 "너는 꼭 아나운서 같구나"라고 곧잘 칭찬을 받기도 했다.

그래서 나는 아나운서가 되고 싶다는 생각을 했다. TV에 나오는 아나운서들이 참 멋있게 보여 꿈 많던 시절 동경의 대상이 된 것이다. 우리의 머릿속을 항상 떠나지 않는 것이 있다면 그것은 운명이다. 운명을 거부하면 더 큰 돌덩이로 돌아온다. 파도를 타듯이 그 운명을 유연하게 타고 넘어야 한다. 아나운서가 되는 길은 나의 운명과 함께 멀고 먼 도전의 길이었다.

인생은 속도가 아니라 방향이 중요하다. 직업이 바로 자신의 인생이다. 자신의 적성과 가치관 그리고 앞으로의 미래에 얼마나 비전이 있는가를 따져보아야 한다. 이른 나이에 출세를 한 것이 성공이 아니며 꿈꾸었던 일을 하는 것이 더 가치가 있다. '꿈=가치'를 이루는 방법은 여러 가지가 있지만 아나운서를 모델로 삼으면 더 빨리 꿈을 이룰 수 있다. 아나운서처럼 말하기, 아나운서처럼 세련되기, 아나운서처럼 정체감을 높여가며 사는 것이다. 왜냐하면 대부분의 여성들은 TV의 주인공처럼 주목 받는 인생을 살고 싶어 하기 때문이다.

친구 따라 강남 간다고, 나는 대학방송국 아나운서 모집에 친구를 따라갔다가 함께 지원하게 되었다. 엄청난 경쟁률을 뚫고 합격하여 장학금과 월 활동비로 용돈을 완전히 해결하는 능력을 과시했다. 학생회관 편지함에 쌓인 팬레터를 읽으며 학교방송에 흠뻑 매료되었고 그런 만큼 대학생활은 풍성했다. 졸업이 다가오자 어렵게 딴 교사자격증을 뒤로 하고 아나운서가 되기 위한 프로젝트에 돌입했다. 10전 11기 끝에 KBS에 최종 합격했을 때의 기쁨이란!

춘천 KBS를 시작으로 이후 나의 나그네 방송인생은 시작되었다. 방송생활이 너무 힘들어 좌절하기도 하고 때로는 팽팽한 긴장감의 연속과 시청자들의 매서운 시선 앞에서 주눅이 들기도 했지만 그 모든 것을 극복하고 꿈을 펼쳐나갔다. 그 자리를 지킬 수 있었던 것은 아나운서라는 직업이 돈과 명예를 안겨주기 때문이 아니라 누군가 나를 필요로 하고, 나의 이야기를 듣고 싶어 하며, 또 누군가에게 큰 힘이 되어 세상을 밝게 바라보는 용기를 준다는 믿음과 자긍심 때문이었다.

현직에 있을 때 나는 아나운서라는 직업에서 늘 갈증을 느꼈었다. 항상 무언가 2%가 부족했다. 지금 학생들은 나를 '히딩크 원장'이라고 부른다. 선수시설에는 뛰어나지 못했지만 감독으로서 크게 명성을 얻은 히딩크 감독처럼 아나운서 시절에는 별로 두각을 나타내지 못했지만 지금은 명품 아나운서 교육자로 주목을 받고 있기 때문이다.

나는 강원도 강릉에서 대관령의 정기를 받고 태어났다. 경찰공무원이신 아버지와 현명하신 어머니에게서 태어난 4형제의 맏딸이다. 어머니는 갈증 날 때 한 입 베어 물면 시원하고 아삭아삭한 배 같은 분이다. 그만큼 지혜와 순간적인 판단력, 혜안이 뛰어나시다. 나는 늘 "나의 뿌리는 지혜롭고 격조가 있는 나의 어머니"라고 말한다. 그래서 내 어머니로부터 배우며 삶과 경험을 통해 느꼈던 것들을 아나운서라는 전문직을 통해서 후배들에게 그대로 전수하고 싶다. 나의 체구는 작고 왜소하지만 내면에는 강한 근성의 피가 흐르고 있다. 이것이 오늘날 봄온을 이끌어가는 경영자로서 직원들에게 서번트리더십, 엄마리더십을 발휘할 수 있는 근원이다.

'봄날은 온다' 아주 멋진 말이다. 노래에도 나오고 시에도 나온다. 그래서 나는 제자들의 의견을 따라 아카데미의 이름을 '봄온 아나운서 아카데미'라고 지었다. 대단한 야망과 환상을 가지고 시작한 것은 아니었다. 아나운서로서의 가치와 사명감, 비전을 후배들에게 나누어주고 싶은 마음에서 출발했는데 지금은 내 인생의 가장 소중한 존재가 되어 있다.

　옛날이나 지금이나 여성들은 하루아침에 달라지는 인생을 꿈꾼다. 그렇지만 순식간에 성공하기는 정말 불가능하다. 그 사실을 많은 여성들은 알고 있다. 그러기에 꿈을 포기하는 여성들을 자주 보게 된다. 그녀들에게 나는 "결코 실패를 두려워하지 말라"고 강조한다.

　누구든지 밑바닥에서부터 서서히 올라가야만 성공할 수 있다. 최고라는 타이틀도 아마추어에서부터 시작해 힘들게 노력하는 과정에서 얻는 부산물일 뿐 목표가 되어서는 안 된다. 전문적인 자질을 키워 마지막까지 도전하려는 의지가 무엇보다도 중요하다. 또한 자신이 속한 조직(회사, 업계, 사회 등)의 미래를 예측하는 안목을 길러야 한다.

인생은 속도가 아니라 **방향이 중요**하다. 자신의 적성과 가치관 그리고 앞으로의 미래에 얼마나 비전이 있는가를 따져보자. 이른 나이의 출세, 남다른 경제력, 남이 알아주는 명성의 성공이 아니라 **마음이 설레고 늘 꿈꾸었던 일을 하는 것**에 더 큰 인생의 가치가 있다.

화려한 스포트라이트를 받고 싶으면
야생의 벌판으로 나가라

그렇다면 모든 여성은 성공의 길로 갈 수 있을까? 아나운서를 꿈꾸는 여성 모두가 아나운서가 될 수 있을까? 혹은 아나운서처럼 성공할 수 있을까? 답은 분명 "아니오!"이다. 성공을 원한다고 해서 모두 다 성공하는 것은 아니라는 것을 우리는 잘 알고 있다. 그에 맞는 의식, 행동을 취해야 한다. "최고가 되고 싶다"고 말하는 여성들이 많지만 최고가 되기 위해 혹독하고 체계적으로 공부를 하는 사람은 그리 많지 않다. 주인공이 되어 화려하게 스포트라이트를 받으며 주목 받는 삶을 원하는 꿈을 이루려면 그 꿈보다 더 큰 노력과 전문성을 요구하기 때문이다.

나는 학생들을 가르칠 때 냉혹하고 단호하다. 어디에도 지름길은 없다는 것을 알기 때문이다. 원칙대로 하나씩하나씩 배우고 익히면서 정도의 길을 가야 한다. 우리는 노력과 피땀으로 떳떳하게 배우고 실력으로 승부해야 한다. "누구의 빽이더라" "낙하산이라더라" "얼굴만 예뻐서 됐다더라" 이렇게 뒷이야기를 하는 사람도 문제지만 그러한 배경을 이용해 성공하려는 사람 역시 야생의 벌판에서 전문가로서 오래 승부하지 못한다. 오로지 자신의 실력으로만 승부를 걸어야 한다. 카메라는, 그리고 세상의 눈은 진실을 알고 있다.

전문가로서의 내공이 없다면 성공하기 어렵다. 연줄도, 낙하산도, 미모도 무색해진다. 아나운서가 대중의 사랑과 스포트라이트를 받는 화려한 직업이기는 하지만 그들이 현장에서 고생하며 천신만고 끝에 얻은 내공을 결코 무시해서는 안 된다. 세상의 화려한 무대에 오를 수 있는 최고가 되고 싶은가? 그것을 원한다면 최고들이 그랬듯이 바닥부터 스스로 갈고 닦아야 한다.

KEY POINT
내공

"
전문가는 그에 맞는 내공을 길러야 한다. 그 내공이 허상이거나 진실한 것이 아니면 한순간에 거품처럼 사라진다. 그러므로 오랜 세월 실력을 갈고 닦아 자신만의 특기를 가져야 한다.
"

많은 대중들로부터 인정과 존경을 받는 성공한 여성이 되려면 어떻게 해야 할까? 이를 아나운서의 역할을 통해 살펴보자. 아나운서의 사회적 역할과 가치, 대중성과 그 영향력을 생각해 그들처럼 행동하면 쉽게 성공의 문을 열 수 있다.

정보를 전달하는 사람이 되어라

성공을 꿈꾸는 여성은 많은 정보와 자료를 모으고, 이를 분류하고, 시스템화해서 가치 있는 지식으로 만들어야 한다. 그 다음 이 정보를 혼자만 알지 말고 주변 사람들, 조직의 모든 사람들, 사회의 모든 사람들과 공유해야 한다. 가치 있는 정보를 전달하면서 성공에 한 발자국 더 다가갈 수 있다. 그런 다음 많은 사람과 행복을 주고받으며 보람을 나누어야 한다.

음악이 아름다운 선율을 타고 사람들의 마음에 감동을 주듯이 정보는 목소리로 전해지는 아름다운 선율과 같다. 정보를 전달하는 가장 첫 번째 매개체가 '말'이기 때문이다. 따라서 정보를 나누기 위해서 우선은 목소리가 좋아야 한다. 말 그 자체가 메시지이고 음악이며 드라마로서 그 속에 녹아 들어가야 한다.

바르고 고운 말을 진실로 전해 사회적 영향력을 얻어라

바르고 고운 말은 참 듣기가 좋다. 또 무엇보다도 기분이 좋아진다. 아나운서의 말은 사회의 등대이고 나침반이 되기도 하며 때로는 교사와 같은 역할을 한다. 예를 들어, 범죄수사에 대한 사건을 잘못 방송

하면 그 다음날 똑같은 사건이 재연되기도 한다. 이것이 방송의 영향력이다.

진실을 그대로 전달하되 어느 입장에도 편중되지 않으며 바르고 고운 말로 희망의 메시지로 승화시켜야 한다. 당신이 성공하기를 꿈꾼다면 바르고 고운 말로 마음을 진실되게 전달하는 희망의 전령사가 되길 바란다.

대중성과 신뢰성을 쌓아라

사람들은 "왠지 그 아나운서의 말은 믿음이 가"라고 말한다. 아나운서는 항상 추측된 말이 아닌 정확한 내용을 진실되게 말해야 한다. 이치에 밝아야 하고 옳고 그름을 분간할 수 있는 판단력도 있어야 한다. 또 때로는 진실을 진실답게 말할 수 있는 용기도 있어야 한다.

이처럼 성공을 향한 길목에는 반드시 신뢰성을 구축해야 한다. '믿을 만한' 사람과 '정말 그럴까?'라고 의문을 품게 만드는 사람은 하늘과 땅 차이이다. 신뢰를 주는 여성은 대중성을 확보할 수 있고 모든 일을 능숙하게 처리할 수 있다. 그러므로 성공을 꿈꾼다면 신뢰감을 주어야 한다.

감정 관리에 능하라

어떤 상황에 처하더라도 아나운서는 감정에 흔들려서는 안 된다. 빈부귀천, 인종, 나이, 성별을 막론하고 시청자 앞에서는 하느님과 대통령도 모든 국민도 다 똑같다는 객관적인 평정심을 유지할 수 있어야 한다. 다른 사람이 아닌 시청자가 보고 있기 때문이다. PD는 밥상을 차리는 사람이다. 방송 기자는 그 밥상 위의 음식에 문제가 없는지 살펴보는 사람이다. 여기에 아나운서는 음성 표현과 이미지 표현을 통해 희로애락의 맛을 입혀 전달해주는 사람이다. 당신은 스스로 이 모든 역할을 해내야 한다.

그래서 유능한 여성이 되고자 하는 사람은 맡은 일의 중요성과 사명감, 그리고 사회적 영향력을 연구하고 지속적으로 공부하는 자세를 가져야 한다. 이를 위해선 이론 공부와 함께 현장의 감각도 익혀야 한다. 현장을 뛰는 여성은 책상 앞에만 앉아 있는 여성보다 생동감 있고 멋져 보인다.

문화의 창달자가 되어라

성공하는 여성은 문화의식이 투철해야 한다. 21세기는 문화와 예술의 시대임은 누구나 알고 있다. 문화는 경제와 정치, 사회에서 중요한 요소가 되었다. 아나운서의 입장에서 보자면, 그 시대의 방송을 이끌고 새로운 문화를 창조해야 한다. 단순히 짜인 각본에 따라 대사를 읽는 아나운서는 더 이상 존재 의의가 없다. 프로그램 진행뿐만 아니라 그 시대 방송문화를 이끌어가는 중추적인 역할을 하며 보다 세련되고 격조 높은 문화 창조의 견인차가 되어야 한다.

이는 여성의 경우에도 그대로 적용된다. 성공을 꿈꾼다면 문화의 깊은 맛을 알고 문화를 창조하는 여성이 되자.

사회의 신호등이 되어라

방송 진행에서 아나운서는 별다른 말을 하지 않고 있어도 방송이 시작되고 끝난다. 많은 출연자들이 그들의 입장에서 하고 싶은 말을 해도 아나운서가 있음으로써 방송의 강약과 품격이 조절된다. 심지어 많은 출연자들이 중구난방으로 떠들어도 마치 안전벨트를 단단히 맨 것처럼 안전하다. 그 정도로 방송에서 아나운서의 한마디는 거리의 신호등과 같은 존재이다.

오늘을 사는 여성이 성공하기 위해서는 이처럼 신호등의 역할을 해야 한다. 마치 아나운서처럼 자신이 무언가를 시작하는 기준이 되고 끝을 맺는 신호가 될 수 있어야 한다.

성공하는 여성은 화려한 조명과 스포트라이트를 받기 때문에 참 멋지다. 하지만 그 허상만을 쫓아다니다가는 큰 코 다치기 십상이다. 겸손하게 자신을 낮추고, 상대방의 분위기에 맞출 수 있어야 한다. 성공을 꿈꾼다면 유명 아나운서들은 어떻게 그 과정을 착실하게 준비했는가를 살펴보기 바란다. 화려한 스포트라이트를 받는 생명력 있는 아나운서일수록 정말 엄격하고도 냉혹한 수업과정을 통과했다는 것을 알 수 있다.

수영이나 스키를 배울 때 수영장이나 스키장에 매일 들락거리면 남들처럼 놀 수는 있다. 하지만 체계적으로 기술을 배우지 않으면 수영은 자유형 이상은 넘어서지 못하고, 스키는 중급과정 이상의 멋진 스릴을 만끽할 수 없다. 인생에도 ABC가 있듯이 전문가가 되는 길에도 이렇게 기본적인 ABC가 있다.

TIPS

여성들이 응용할 수 있는, 아나운서 시험 5단계

아나운서가 되는 것은 어떤 전략을 짜는가에 따라 달라진다. 우선 언론고시라 불리는 방송사 시험에 합격해야 하는데, 그 시험은 보통 5단계로 분류된다.

첫 번째, 음성표현 능력과 동영상 이미지를 평가하는 카메라 테스트.

명심하라, 좋은 목소리와 호감 가는 이미지는 꽉 채워진 내면에서 기인한다.

두 번째, 지적 능력을 평가하는 필기시험.

방송의 어떤 내용도 제작자와 전달자의 수준을 능가하지 못한다고 말할 정도로 아나운서는 지적 능력이 중요하다. 그래서 두 번째 단계인 필기시험은 상황을 다양하게 예측하고 이해하는 능력인 사회 전반의 기본상식과 교양, 가치관을 평가한다.

세 번째, 아나운서의 전문 역량을 평가하는 심층 실무 능력 테스트.

실무면접을 통해 음성과 동영상 이미지, 실무 능력, 방송인의 인성을 심사받는다.

네 번째, 보통 합숙평가로 진행되며 3분 스피치, 1분 스피치, 리포팅, 가상 인터뷰, 주제 토론, 장기자랑 등등 방송 전반에 걸친 전문성과 인성을 심사하기 위한 다면 심층 평가가 진행된다.

최종 면접, 방송사 임원의 최종 면접을 통과해야 한다.

아나운서가 목표가 아닐지라도 위 과정은 큰 도움이 된다. 성공을 꿈꾸는 여성이라면 이 다섯 단계를 성공의 디딤돌로 활용할 수 있다. 1번부터 5번까지의 과정을 스스로 실천하는 것이다. 목소리를 아름답게 내고 표준말을 정확하게 구사하는 연습을 하면 일단 큰 호감을 준다. 필기시험도 마찬가지이다. 전공 분야의 공부를 열심히 하면 된다. 이는 모든 과정의 필수이다. 또한 매일 거울을 보고 미소, 표정관리, 자세 등을 연습하라. 이 모든 것은 성공의 밑바탕이 된다.

매혹적인 여성, 매력적인 여성은 하루아침에 만들어지지 않고 하늘에서 뚝 떨어지지도 않는다. 매혹과 매력의 뜻을 정확히 알고 그에 맞게 꾸준히 실천하면 당신은 매력적이면서도 매혹적인 여성이 될 수 있다. 남들이 인정하고 스스로 자긍심을 가질 수 있도록 바닥부터 실력을 닦아라. 전문가는 태어나는 것이 아니라 만들어지는 것이다.

KEY POINT
인생의 ABC

수영장이나 스키장에 매일 들락거리면 남들처럼 놀 수는 있다. 하지만 체계적으로 기술을 배우지 않으면 수영은 자유형 이상은 넘어서지 못하고, 스키는 중급과정 이상의 멋진 스릴을 만끽할 수 없다. 인생에도 ABC가 있듯이 전문가가 되는 길에도 이렇게 기본적인 ABC가 있다.

1 디지털 시대에 아날로그적인 삶은 어떤 가치가 있을까?
자신이 사용하는 디지털기기 하나를 예로 들어 디지털적인 삶에 대해
생각해보고, 아날로그적인 생활방식은 어떤 묘미를 주는지 살펴보라.

_____

_____

_____

_____

2 대기업의 최종면접에 간다면 어떤 준비를 어떻게 해야 할까?
다섯 가지만 직접 써보라.

_____

_____

_____

_____

3 어떤 꿈을 이루고 싶은지, 어떤 분야의 전문가가 되고 싶은지 써보라.
그 꿈을 이루기 위해 실천해야 할 ABC는 무엇인가?

_____

_____

_____

_____

2 절제

차분하고 세련된 행동을 익혀라

무술의 고수는 절대로 화려하게 움직이지 않는다.
단 한방에 목표물을 제거해야 훌륭한 저격수다.
짧고 쉽고 간단한 말일수록 힘이 있다.
그 이상 그 이하도 아닌 것의 힘, 절제.
그 영향력의 파워, 무서운 카리스마

표현의 절제로 상상력을 자극하라

시인은 내면의 감정을 승화하여 농축된 언어로 표현한다. 아나운서는 주어진 글을 힘 있게 표현하는 언어의 연금술사이다. 깎아 놓은 밤톨처럼 반듯하고 윤기 나는 말이 시청자들의 눈과 귀를 사로잡는다. 절제된 언어 그 영향력의 파워, 그 무서운 카리스마 때문에 많은 젊은 이들이 선망의 직업으로 아나운서를 손꼽는다. 뉴스 속의 아나운서의 말은 모든 사람들의 신뢰감의 표상이다.

대학시절 어떤 교수는 강의 중에 '굉장히', '엄청나게'라는 말을 상당히 많이 사용했다. 학생들은 수업 내용은 그만두고, 지금이 몇 번째지? 하면서 그 말에 중독되어 숫자를 세곤 했다. 서른두 번째, 서른세 번째, 이번에는 '엄청나게' 차례야! 이럴 때 우리는 "넘치는 의욕, 달리는 실력"이라고 말한다. 생각이나 의욕은 넘치지만 실력과 습관은 따라주지 않는 것이다. 그래서 불필요한 단어를 남발하게 된다. 생각의 절제, 표현의 절제가 훈련되지 않았기 때문이다.

절제되지 못한 말투에서 우리는 절대 품위를 느끼지 못한다. 많이 아는 것과 표현을 잘하는 것은 다른 문제이다. 문장과 문장을 매끄럽게 이어가지 못하는 것은 스피치가 생각을 미처 따라가지 못하는 말의 습관이다. 이것을 '어벽 語癖'이라고 한다.

우리는 다양한 학습과 경험으로 인해 머릿속에 많은 지식을 담고 있다. 이런 지식을 암묵지 暗默智라 한다. 그리고 이러한 지식을 때와 장소와 대상에 따라 요약해서 아주 적절하게 표현해야 하는데 이것을 형식지 形式智라고 한다. 머릿속의 암묵지를 말로 표현해 형식지로 바꾸는데 가장 필요한 것은 적당한 가지치기를 할 줄 아는 절제된 마음이다. 버릴 때는 과감하게 버릴 줄 알아야 한다. 우리는 언제나 담을 때보다 버릴 때를 더 잘해야 한다. 물론 그것이 결코 쉽지는 않다.

품격이 있는 대화는 짧으면서도 완전한 문장을 사용해 차분하고 세련되게 표현해야 한다. 그래야 힘이 있고 전달력이 있다. 말끝을 흐리거나 어설프게 줄여서 말하는 사람은 왠지 경박하거나 경솔해 보인다. 말의 어벽을 만들지 않고 모든 음가를 다 살리면서 또박또박 이야기하면 그 세련미와 진중함에 상대는 저절로 압도당하고 만다.

절제, 국어사전에는 "욕망을 억눌러 방탕하지 아니함. 알맞게 조절함"이라고 설명하고 있다. 말은 자신의 생각의 표출이다. 말은 한 번

내뱉고 나면 다시 주워 담을 수 없고 또 한 번 가속도가 붙은 말은 이성적으로 통제가 되지 않는다. 생각지도 않은 말이 툭툭 튀어나와 낭패를 겪은 경험이 누구에게나 있을 것이다. 이는 말을 필요 이상으로 많이 하다보면 어쩔 수 없이 생기는 현상이다. 정치인이나 연예인, 작가, 성직자, 교수 등 대중의 관심을 받고 있는 사람이 자신도 모르게 뱉어버린 말이 일파만파 사람들의 입에서 오르내리고 사회에 파장을 던지는 일을 우리는 종종 보아왔다. 말을 하기 시작한다는 것은 그 순간부터 말에 의해 파장을 일으킬 수 있는 세계로 발을 들여놓았다는 것을 의미한다.

똑같은 말일지라도 일반인으로서 한 말과 성공한 사람의 말은 어감이 다르고 효과도 다르다. 그러므로 우리는 철저하게 자신을 객관화시키고 유리로 된 인간처럼 밝고 맑게 내면을 들여다보며 군더더기를 깎아내는 절제의 훈련을 해야 한다. 성공한 여성들은 마치 방송인처럼 세련되고 절제된 언어를 통해 자신의 생각을 표현한다. 그리하여 언제나 맑고 투명하다.

똑같은 말일지라도 일반인으로서 한 말과 성공한 사람의 말은 **어감이 다르고 효과도 다르다.** 그러므로 성공하는 여성은 철저하게 자신을 객관화시키고 유리로 된 인간처럼 밝고 맑게 내면을 들여다보며 군더더기를 깎아내는 **절제의 훈련**을 해야 한다.

절제된 자신감

남녀를 불문하고 성공한 사람의 당당한 매력은 '자신감' 이다. 그러나 지나친 자신감보다는 절제된 자신감이 중요하다. 사람들 앞에서의 절제된 자신감은 바른 자세와 올바른 정신 그리고 피나는 자기 수련에서 비롯된다는 것을 알 수 있다.

절제의 고수가 되기 위해서는 뼈를 깎는 수련이 필요하다. 욕망의 절제, 탐욕으로부터의 절제, 화려한 스포트라이트의 환상으로부터의 절제, 현란한 언어의 유혹으로부터의 절제, 지나친 포장으로부터의 절제. 이러한 절제는 사람들의 시선으로 인한 탱탱한 긴장감 속에서 가다듬어진다.

목표를 세운 순간부터 버리는 연습, 뼈를 깎는 절제의 훈련을 시작하라. 타인의 시선이 나를 향하고 있다고 생각하며 매일매일 새로워져야 한다. 한 치의 실수와 실패를 용서받을 수 없다는 다짐, 그러한 철저한 직업의식이 일에 대한 사명감과 자긍심을 심어준다. 그리고 그 속에서 절제된 자신감이 뿜어져 나온다.

명품여성 되기

아무리 외모지상주의 시대라 해도 외모만으로는 절대 성공할 수 없다. 아나운서의 경우로 생각해보자. 단지 예쁘다고 해서 아나운서를 뽑는다면 탤런트나 미인대회 출신의 사람을 활용하면 된다. 그런데 왜 아나운서는 그 이상이어야 하는가? 아나운서는 방송의 최종 전달자로서 온 국민의 신뢰감을 받을 수 있어야 할 뿐 아니라 방송을 타고 나온 말의 영향력에 대해 책임을 질 수 있는 높은 품격을 가지고 있어야 하기 때문이다. 그래서 항상 반듯하게 다듬어진 말이어야 한다.

확인되고 검증된 사실만 전달해야 하며, 어떤 사람들로부터도 객관성과 중립성을 유지할 수 있어야 한다. 또 그렇다고 애매모호하거나 두루뭉수리한 말이 아니라 모든 사람들에게 관심과 공감을 가져다 줄 수 있는 신선한 정보를 안겨주고, 그 말에는 가치와 유익성이 담보되어야 한다. 성공하는 여성의 순발력과 신뢰감, 공신력은 잘 절제된 말에서 비롯된다.

그렇다면 아나운서들이 성공을 위해 어떻게 준비하는지 살펴보자.

오늘은 봄온아카데미에서 공채를 대비한 테스트가 있는 날이다. 모든 교육 과정을 착실하게 이수했다고 하더라도 막상 시험이 다가오면 카메라 앞에 서기가 두렵고 떨린다. 이러한 학생들을 위해 실제와 똑같은 카메라 테스트를 한다. 이미지와 발성 그리고 강사들이 면접관이 되어 질문과 토론을 하고 체크 포인트를 지적해준다.

1차 카메라 테스트에 합격하더라도 이것이 다가 아니다. 2차, 3차, 4차, 5차까지 계속 이어지면서 언론고시라는 말을 실감한다. 나는 아나운서 시험을 통과하기까지의 긴장과 피나는 노력을 잘 알기에 젊은 시절의 실패담과 경험을 들려주며 학생들을 격려한다. 이 과정과 마음가짐이 명품 아나운서 산실이라는 명가를 지키는 비밀이다. 직업에 대한 사명감과 곧은 정신, 그리고 그 정신을 여성의 단아한 품격의 상징으로 제자들에게 물려주고 싶은 마음이다. 그래서 나는 언제나 경영자라기보다는 철저한 교육자이고 싶다.

1차, 2차 시험을 통과한 학생들은 3차 면접시험에서 다음과 같은 질문을 받았다.

"최근에 남자에게 차여본 적이 있습니까?"

"B 여배우의 죽음에 대해 어떻게 생각합니까?"

"연하의 남자를 사귀어 본 적이 있습니까?"

참 현실적이고 일상적인 질문이지만 그렇다고 쉽게 대답할 수 있는 질문은 아니다. 실제 시험에서는 이렇게 예상 밖의 질문이 쏟아진다. 방송인이 되고자 하는 사람이 어떤 생각을 가지고 있는지를 알아보는 테스트이기 때문에 질문자의 의도를 잘 파악해야 한다. 과연 어떻게 대답을 해야 할까?

"저는 지금까지 한 번도 누구에게 차여본 적이 없습니다."

"그 여배우는 너무 무책임하다고 생각합니다."

"연하의 남자는 어려서 싫습니다."

라고 대답하면 소신 있고 자신감 있어 보일까? 아니면 "최근에 남자친구와 헤어졌는데 제가 그 사람의 마음을 잘 헤아리지 못한 것 같습니다"라고 대답하면 자신이 없어 보일까? 당신이 면접관이라면 어떤 사람에게 더 점수를 주겠는가?

일반 대기업의 면접시험에서도 마찬가지다. 절제되고 잘 정제된 언어를 사용하는 것도 중요하지만 지나친 자신감이나 획일적인 모범답안만을 기계적으로 외워서 대답하는 것은 마이너스 요인이다. 너무 교과서적인 대답은 피해야 하며 지나친 자신감은 자신의 생각을 강요

하는 것처럼 보일 수 있기 때문에 겸손한 자세와 표현을 하는 것이 중
요하다.

TIPS

상대의 의중을 읽어 유연하게 대화를 이끌어갈 수 있는 123의 법칙

한 가지의 주제를 먼저 던지고, 두 가지 이상 상대의 말에 귀를 기울이며, 세 가지
이상 칭찬으로 환대하는 말을 하라. 그러면 아주 매너 있는 사람으로 인정받게 될
것이고, 그것이 당신의 품격을 대변한다.

한 학생은 얼마나 준비하고 연습을 많이 했는지 강사들의 질문이 떨어지기도 전에
또박또박 대답을 너무 잘한다. 그의 대답은 마치 탁탁 받아 치는 탁구공 같다. 너무
완벽해서 뭐라고 피드백할 곳이 없다. 외모는 TV에서 자주 볼 수 있는 연예인 못지
않다. 그런 학생들에게 강사들은 이렇게 말한다.

"그래, 네 말이 다 맞아. 정말 열심히 준비를 많이 했구나. 그런데 왜 이렇게 마음에
들지 않지?"

그 이유는 질문에 대한 반응(re-action)이 너무 빠르기 때문이다.

보통 상대방과 진솔하게 대화를 나누고자 할 때 말과 행동이 너무 빠르면 진중함이
보이지 않는다. 말의 빠르기와 리듬을 살려내고 진중함과 진실이 담긴 일관성 있는
대답이어야 한다. 그리고 진솔함 속에 기발함이 함께 묻어나야 한다.

이 세상의 모든 일은 사람 냄새가 나는 직업이며, 남과 더불어 사는 삶이기 때문에
대화는 서로 함께 나눈다는 느낌을 주는 것이 중요하다.

예비 방송인들에게 기대하는 것은 그 사람 개인의 감정이나 가치관
을 묻는 것이 아니다. 사실 이성친구와 헤어졌다거나 연하남을 싫어
한다거나 하는 것은 중요한 문제가 아니다. 그 사람이 열린 사고를 가
지고 다양한 시각에서 문제의식을 표명할 수 있느냐는 것이다. 그의

대답은 상황을 정리해주는 대답이어야 한다. 말의 영향력의 물결에 책임을 져야 한다. 가장 좋은 책임감은 파장이 일어나기 전에 절제를 하는 것이다.

이처럼 성공하는 여성은 사회적 공인으로서 가장 우호적이고 객관적인 관점을 유지해야 한다. 그렇기 때문에 지나치게 자신의 감정에 치우치거나 중립적 페이스를 잃으면 안 된다. 어떠한 토론도 이기고 지는 게임이 아니다. 다만 생각이 다를 뿐임을 인지하고 상대의 입장을 모두 아우를 수 있어야 한다. 상대가 스스로 올바른 판단을 할 수 있도록 지식과 정보 그리고 또 다른 관점에서의 입장을 생각해볼 수 있도록 도와주면 된다.

가끔, 자신은 시험을 정말 잘 본 것 같은데 왜 시험에 떨어졌는지 모르겠다고 의아해하는 학생들이 있다. "어떻게 대답했는데?"라고 물으면 평소에 자신이 예상했던 질문이라 그리 어렵지 않게 대답을 했다는 것이다. 여기서 '그리 어렵지 않게'라는 말은 '자신감 있게'라는 말과 같다. 그 누가 어렵지 않게 대답한단 말인가?

나는 고개를 끄덕이며 아마 그래서 떨어진 것 같다고 말해준다. 면접관은 방송인으로서 시청자가 참여하고 스며들 여지가 주어지지 않는다고 생각했기 때문이다.

정말 똑똑하고 완벽한 사람은 다 보여주지 않는다. 80% 정도 보여주고 나머지 20%는 상상하게 한다. 상대가 자신의 방식대로 상상할 수 있게 하는 능력이 당당한 자신감이고 여유로움이다. 표현과 감정의 절제는 신뢰감의 극치이다.

내공이 쌓인 사람은 절대로 가볍게 뜨지 않는다. 일방적으로 대화를 주도하지 않을 뿐만 아니라 입을 꾹 다물고 있지도 않는다. 침묵을 지키며 상대의 이야기만 듣고 있으면 그 자리의 분위기나 사람이 마음에 들지 않다고 생각할 수 있다. 그래서 영어의 "and you?"라든가 "what about you?", "당신은 어떻게 생각하십니까?"라는 질문을 아주 적절하게 잘 던진다.

마음의 정원을 아름답게 가꾸는 것

링컨 대통령은 "사람의 성품은 역경을 이겨낼 때가 아니라 권력이 주어졌을 때 가장 잘 드러난다"고 말했다. 지위가 올라갈수록, 부자가 될수록, 권력을 더 많이 가질수록 절제가 중요하다. 하지만 결코 쉬운 일은 아니다. 칼을 쥐면 누구나 휘둘러보고 싶은 충동을 느낀다. 권력도 마찬가지이다. 권력을 쥐면 휘둘러보고 싶어진다. 그 충동을 나무라는 것이 아니다. 이는 인간의 본능이다.

다행히 우리는 본능을 다스리는 법을 알고 있다. 절제를 통해서이다. 절제란 자신이 가진 것을 함부로 사용하지 않는 힘이다. 힘은 있지만 그 힘을 자랑하지 않고 함부로 쓰지 않는 것이다. 절제된 열정은 잘 달구어진 쇠와 같다. 방송은 권력이다. 무모한 열정, 화려한 스포트라이트의 환상에 빠져 방송의 권력이 함부로 남용되어질 우려가 있다. 열정을 절제된 파워로 단련하기 위해서는 빨갛게 달구어졌을 때 방망이로 두들겨 맞아 단련되는 쇠가 되어야 한다. 그래서 아나운서 수업은 뜨거운 불 항아리와 찬물을 수시로 드나들면서 더욱더 단단하고 영민하게 만드는 훈련이고, 이것이 나의 교육방법이다.

언어 훈련에서 나는 절제를 특히 강조한다. 왜냐하면 언어는 오랜 습관이기 때문이다. 20년 이상 몸에 배어 있는 발음과 발성은 쉽게 바뀌지 않는다. 특히 지방 출신의 학생들은 잠시만 방심하면 독특한 발음 습관과 지방색이 무심결에 튀어나오기 마련이다. 학생들은 강의실 벽면에 걸려 있는 큰 거울을 보면서 얼굴이 빨개질 때까지 소리를 내며 연습 또 연습을 한다. 아니, 목소리를 토한다는 말이 맞다.

나는 좋은 심성과 자질을 가진 인재들이 꿈과 열정을 마음껏 꽃피우게 한다. 반면에 무모함과 다듬어지지 않은 열정을 차분하고 세련된 것으로 가다듬을 수 있도록 교육시킨다. 많은 책을 읽게 하고 요리, 여행, 스포츠, 역사, 시와 소설 등 자신의 내면세계를 키우게 한다. 내면이 풍부해야만 많은 사람들과 쉽게 그리고 빨리 친해질 수 있기 때문이다. 이른바 소통의 거리를 줄이는 것이다. 또 사회 변화와 이슈에 대해 발 빠른 감각을 가지고 있어야 하며 신문의 기사나 연예 오락 프로그램을 통한 재치와 끼, 최근의 사회적 중심인물들의 인터뷰를 순발력 있게 습득하도록 한다.

성공하는 여성의 감정관리, 그것은 마음의 정원을 아름답게 가꾸는 것과 같다. 우리는 방송을 마술 상자라고 표현하기도 한다. 어떤 주제나 어떤 사람을 만나도 다양한 소재를 끌어와 그 자리를 금방 풍성한 화원으로 만들기 때문이다. 그래서 누구에게나 신뢰감과 존경을 받을 수 있는 한 사람의 전문 아나운서를 만들어내는 일은 결코 쉬운 일이 아니다. 편안하고 친근한 이미지, 너무 튀거나 도도하지 않으면서 너무 헤프거나 도덕적으로 모순과 결함이 있어도 안 되며, 그러면서도 뭔가 꽉 찬 느낌의 말을 재치와 순발력과 함께 언제 어디에서나 구사할 수 있어야 한다. 그래서 나는 아나운서 교육을 기능화하지 않는다. 가슴과 머리를 함께 움직일 수 있는 방송인으로 교육한다.

목소리는 말하는 사람의 사상과 철학과 가치관에 의한 소리이다. 음성학회에서는 목소리 자체만으로도 그 사람에 대한 200여 가지의 정보가 담겨 있다고 주장한다. 그 사람의 생각은 물론이고 나이, 직업, 체격, 외모, 자신감, 가치, 꿈과 희망, 절망이 다 담겨 있다. 영화나 TV 드라마에서 전화 음성을 통해서 범인을 색출해내는 장면을 본 적이 있을 것이다. 이처럼 목소리는 그 사람의 심장의 소리이다.

아나운서는 잘 쓰인 글을 자기만의 말로 표현하는 방법을 배운다. 그래서 "뉴스를 읽는 것이 아니라 말한다"라고 표현한다. 비록 작가에 의해서 객관적으로 잘 검증된 원고를 읽기는 하지만 아나운서만의 목소리와 음성을 통해서 전달된다. 그 목소리에는 현시점의 시대적 상황과 뉴스의 주인공이 된 사람들의 입장, 그리고 사건을 바라보는 시청자들의 다양한 관점이 담겨 있다. 아나운서는 지금 현재 무엇이 문제이며 그 해결점을 어떻게 찾아야 하는지를 공공의 차원에서 책임감을 갖는다. 이때 어떤 경우라도 시청자가 먼저 보여주는 경우는 없다. 먼저 시청자들에게 손을 내밀 줄 아는 아나운서가 오래도록 남게 된다.

현재 A 방송사에서 아나운서로 많은 사랑을 받고 있는 B 아나운서의 경우는 참 재미있다. 그녀도 시험에 몇 차례 떨어졌는데 하도 자주 떨어지니까 이제는 스스로 마음이 비워져 그냥 편안하게 대답하기만 했는데 합격을 했다. 수차례 떨어지기까지 많은 연습을 했지만 정작 그녀를 합격시킨 것은 절제된 편안함이었다. 아나운서는 능수능란한 방송인이 되었을 때 욕심이나 아집이 묻어나올 수 있다. 이미 그들의 실력은 충분히 준비되었다.

남들에게 사랑을 받는 것은 지적인 실력이나 외모가 아니라 시청자에게 다가가는 마음과 편안함이다. 마치 물이 낮은 곳으로 흘러내리듯이 스스로 자신의 색깔을 없애며 사람들 속으로 스며들 수 있는 무색무취의 겸손함이 성공의 요인이 된다.

또 다른 성공한 아나운서에 대해 살펴보자. 과거 아나운서 지망생 시절 그녀의 연변처녀 성대모사를 보면 그렇게 천진난만하고 귀여울 수가 없었다. 좋게 말하면 순박하고 친근감이 든다. 그러한 촌스러움과 순박함이 있기에 사랑을 받는다. 인간적인 매력이 그녀의 완벽한 전문성과 더불어 당당한 아나운서로 거듭나는 것이다.

그래서 나는 성공하는 법을 가르치기보다는 실패하지 않는 법을 가르친다. 절제와 겸손을 함께 하는 삶을 배우게 한다. 세련된 절제미로

자신을 가다듬는 삶을 산다는 것은 많은 사람으로부터 따뜻한 시선과
신뢰 그리고 행복을 간직할 수 있는 안전금고의 키와 같다. 또 자신의
행복을 지킬 줄 알며 다른 사람의 행복을 방해하지 않고 더불어 그 행
복을 나누어주는 사람이다.

절제란 자신이 가진 것을 함부로 사용하지 않는 힘이다. 힘은 있지만 그 힘을 자랑하지 않고 함부로 쓰지 않는 것이다. 절제된 열정은 잘 달구어진 쇠와 같다.

절제된 행동으로 위기에 대처하라

우리는 성공한 여성들의 바르고 당당한 자세에서 단아한 매력을 찾는다. 자세는 매우 시각적이고 외면적인 매너이다. 절제된 바른 자세는 신뢰감을 높여줄 뿐만 아니라 전문성을 나타내는 최상의 이미지다. 그리고 무엇보다도 올바른 자세를 취할 때 건강하고 편안해진다. 그래야만 사람들의 말을 경청하며 들어줄 수 있는 여유가 생긴다.

넘치지 않는 절제로 신뢰감을 얻는 사람으로는 미국의 웬디 커틀러 FTA 수석을 들 수 있다. 자유무역협정(FTA) 7차 협정 마지막 날 커틀러 대표는 FTA 플랜카드와 똑같은 색인 하늘색 폴라 셔츠를 입고 단정한 자세로 설득력 있게 기자회견을 열었다. "직면하고 있는 도전을 과소평가하지는 않지만 전망은 아주 좋습니다"라고 협상 타결 가능성이 높아졌음을 시사한 그녀는 당차고 야무진 협상 대표로서 절제된 자세와 감각 있는 이미지를 연출해 강한 인상을 안겨주었다. 그 이상 그 이하도 아닌 것의 힘, 절제와 단호함 바로 그것이었다. 그녀의 자세는 넘치지 않는 절제로 완벽한 신뢰감을 주었다.

사람들은 화려한 것을 좋아한다. 하지만 지나친 화려함은 오래지 않아 싫증을 느낀다. 또 지나치게 순백의 것도 사람을 질리게 한다. 화려함과 순백미의 경계를 절묘하게 오르내리는 매력, 그것이 사람의 마음을 오래도록 붙들어둔다. 당신은 주변 사람들에게 인기인이 되고 싶은가? 인기도 사랑도 내가 먼저 스스로 나누어줄 수 있을 때 가능하다. 일시적인 감정에 빠지지 말고 객관적인 정체감을 확립하는 것이 오래도록 많은 사람들로부터 사랑을 받을 수 있는 비결이다.

실수와 실패는 성공의 장애물이 아니다. 실수와 실패를 통해서 앞으로 나아가게 한다. 실패는 겸손함과 욕망의 절제를 익히게 하고, 다른 사람 입장에서 생각하고 바라볼 수 있는 배려의 공간을 만들어 준다.

성공하는 여성은 아나운서처럼 말하는 자세가 중요하다. 보통 사람들이 말을 할 때, 상대의 눈을 제대로 보지 않고 자기 식대로 이야기를 하면 자신의 말을 들어주지 않는다고 생각한다. 상대의 눈을 지그시 바라보면서 단정한 자세로 감정을 조절하며 간결한 문장으로 차분하게 말하는 사람에게서 우리는 단아한 품격을 느낄 수 있다. 또 그런 사람은 상대가 말할 때도 진지한 자세로 경청한다.

아나운서 지망생들의 대부분은 첫 카메라 녹화 후 한없이 작고 위축되었다가 수차례 연습 후 확연하게 달라지는 모습을 볼 수 있다. 건강한 정신에서 건강한 생각과 밝고 신선한 아이디어가 생겨난다. 그런 신선한 생각과 아이디어가 이 세상을 밝고 건강하게 만드는 메시지가 된다. 뭔가 위축되고 꾸부정한 자세는 자신감이 없어 보일 뿐만 아니라 신뢰감과 품격마저 없어 보인다. 말과 행동은 당당하고 솔직하게 하라. 그러나 저돌적이고 공격적인 말과 행동은 자살골을 먹는 것이나 다름없다. 당당함과 저돌적인 것은 완연히 다르다. 진실하고 솔직하면서도 인간적인 따스함이 배어 있는 자세는 그 사람에게 단점이 있더라도 사랑을 받게 한다.

맑고 투명함. 이것이 가장 경쟁력 있는 자기표현임을 알아야 한다. 내가 교육을 하면서 항상 강조하는 것 중의 하나는 다른 사람을 흉내 내지 말라는 것이다. 흉내 내는 것보다는 잠자고 있는 자신만의 카리스마를 찾아내 독보적인 영역을 만들어라.

우리는 카리스마를 지닌 사람을 부러워한다. 카리스마는 원래 그리스어로 '은혜의 선물', 즉 신의 선물을 뜻한다. 주변 사람들을 강력하게 끌어당기는 카리스마는 가히 성공의 열쇠라고 할 수 있다. 그러나 학력, 나이, 외모와 관계없이 누구에게나 다 자신만의 긍정적인 카리스마가 숨어 있다. 모든 인간은 하나밖에 없는 특별한 존재이기 때문이다. 카리스마란 바로 자신만의 독특한 빛을 세상을 향해 던지는 것이다. 잠자고 있는 카리스마에 키스하라. 그래서 독보적인 자신을 만들어라. 당당한 카리스마는 겸손하고 절제된 자세에서 설득력 있게 그 빛을 발한다.

TV를 보면, 아나운서들은 뉴스를 전할 때 카메라 앞에서 단정하게 두 손을 모으고 자신감 있고 적극적인 자세로 앉는다. 지나치게 고개를 끄덕이거나 어깨에 힘을 주면 턱이 나오기 쉽고 뭔가 산만하고 딱딱하게 보인다. 군더더기 없이 안정감을 지켜가며 시청자들이 듣기 편한 평조의 느낌으로 방송의 키워드를 살려낸다. 그것은 바르고 단아한 자세에서 우러나온다. 아나운서들은 단정한 자세와 절제된 시선을 위하여 카메라를 3~4초 정도 정확하게 바라보면서 뉴스를 읽는다. 카메라를 쳐다보는 순간만큼은 마치 사랑하는 사람을 바라보듯이 모든 애정을 순간적으로 쏟아놓는다. 그들은 뉴스를 읽는 것이 아니라 눈으로 찍어서 포물선을 그리면서 멀리 던지듯이 말한다. 마치 앞에 다트판이 있고 과녁에 화살을 꽂듯이 짧고 강하게 말한다. 그 말의 포물선에는 감정의 속도와 리듬이 담겨 있다. 그래서 그들은 방송이 살아 있는 유기체이며 절대절명의 사랑의 생명체라고 생각한다. 얼마나 압축되고 농염한 사랑의 표현인가. 가장 세련되고 힘 있는 말은 가장 절제된 언어에서 나온다는 말을 실감한다.

뉴스는 딱딱하지도 않고 결코 가볍지도 않게, 그리고 너무 감정적이지도 않게 하여 누구에게나 객관적인 느낌을 줄 수 있어야 한다. 그렇지만 마치 교과서를 읽듯이 밋밋하고 너무 착한 어조는 심심하다. 생동감, 살아 있는 어휘, 따뜻한 감정 표현, 포즈와 장단음을 살린 정확한 단어와 문장들은 시청자들이 관심을 유지하면서 편안하게 들을 수 있는 절제의 표상이다.

OBS 주철환 사장은 신입 아나운서를 채용할 때 능력 있고 매력 있는 것도 중요하지만 마음이 끌리는 사람을 선발한다. 보기만 해도 흐뭇하고 든든한 아나운서를 뽑는 것이다. 이러한 이미지를 익히기 위해서 학생들은 매일 거울을 보고 마음을 이야기하는 훈련을 한다. 거울에 비친 나의 모습을 사랑할 수 있겠는가? 지금 한 말을 신뢰하고 믿을 수 있는가? 말하는 자세는 곧고 올바른가? 당당하고 바른 자세는 신뢰감의 상징이다. 지금 나의 모습을 내 애인으로 만들고 싶을 정도로 매력적인가? 스스로에게 물어보라. 자신이 자신의 모습에 매력을 느끼지 못하면 당연히 다른 사람들도 사랑해주지 않는다.

방송은 상대에게 꽃다발을 안기듯이 해야 한다. 시청자들을 행복하게 하면 스스로도 행복해진다. 아나운서처럼 세상과 연애하라. 그러면 본인도 사랑에 빠져 행복하고, 사랑을 받으므로 세상도 행복해진다.

화려함과 순백미

사람들은 화려한 것을 좋아한다. 하지만 지나친 화려함
은 오래지 않아 싫증을 느낀다. 또 지나치게 순백의 것
도 사람을 질리게 한다. **화려함과 순백미의 경
계를 절묘하게 오르내리는 매력**, 그것이
사람의 마음을 오래도록 붙들어둔다.

3초의 여유 3초의 기적

"나비처럼 날아서 벌처럼 쏴라!" 사람을 끌어안는 매혹의 333 법칙이 있다. 3초 안에 눈에 띄지 않으면 3분을 잡을 수 없다. 3분을 잡을 수 있어야 3시간 이상 내 사람으로 만들 수 있다. 아나운서들은 3초 안에 카메라를 사로잡아야 한다. 시청자들의 방송 채널이 돌아가는 시간은 3초 안에 결정된다. 짧은 시간에 사람의 마음을 사로잡는 가장 큰 매혹은 '아이 컨텍 Eye contact'의 파워다.

〈신동아〉와 인터뷰 때 "말을 잘하는 비결이 있다면?"이라는 질문을 받았다. 나는 "상대의 눈높이에 맞춰 배에 약간 힘을 주고 또박또박 리듬을 타며 편안하게 이야기하는 것만으로도 듣는 사람은 이야기에 빠져듭니다"라고 대답했다. 뭐 특별한 비결도 아니다. 말을 잘하는 비결의 첩경은 상대의 눈을 놓치지 않고 이야기하는 것이다.

이것이 아이 컨텍의 파워다. 이 파워는 3초 안에 결정된다. 심리학적인 측면에서 보자면, 인간은 3초 안에 보고 결정한 사항을 쉽사리 바꾸지 않으며, 시간이 지남에 따라 콘크리트처럼 굳어져간다. 나아가 주변의 어떤 환경적 변화나 다른 사람의 의견에도 쉽게 흔들리지 않는다. 그래서 3초 안에 결정된 생각은 앞으로의 모든 행동을 방향 짓는 신호등의 역할을 한다. 그래서 시각의 법칙에 의해서 외면적 이미지는 내면적 논리보다 더 큰 힘을 가지고 있다.

3분 스피치를 통해 논리와 생각을 앞서는 3초의 이미지파워에 대해 연습해야 한다. 스피치 동안 사람들의 집중력은 절대로 3분을 견디지 못한다. 그렇기 때문에 3분 안에 상대의 마음을 사로잡지 못하면 어떤 훌륭한 스피치도 장황한 사족이 될 뿐이다. 더구나 이미지를 직접 대면하지 않고 방송매체를 통한 간접 스피치는 절대로 3초를 넘어서지 못한다. 그래서 아나운서 지망생들은 처음에는 자신을 3분 안에 소개하고, 그것을 3초로 줄이는 훈련을 한다.

우선 3분 동안 횡설수설한 자신의 동영상을 본다. 대부분의 학생들은 자신의 모습을 보고 얼굴이 빨개진다. 하지만 부끄러워할 것은 없다. 그 다음 3초로 요약하는 연습을 한다. 이 과정은 쉽지 않지만 부지런히 연습하면 누구나 가능하다. 3초 동영상을 보면 절제되고 세련된 모습과 함께 함축된 언어의 힘을 느낀다.

"나비처럼 날아서 벌처럼 쏴라!"는 3분 스피치 훈련의 핵심이다. 먼저 중요한 것은 나비처럼 가볍게 날 수 있는 능력이며, 그만큼 철저한 준비가 되어야 한다. 준비한 만큼 가볍다. 그리고 벌처럼 상대의 과녁에 정확하게 쏠 수 있어야 한다. 언어의 화살촉을 불 화덕에서 불쏘시개 다루듯이 자기 수련의 연마를 통해 잘 깎고 정제해야 한다. 그래야 정확하고 날카롭게 사람들의 가슴에 명중시킬 수 있다.

TIPS

촌철살인의 3분 스피치를 위한 4단계 훈련

❶ 주의 끌기
"대중으로부터 지속적으로 사랑받는 아나운서는 어떤 사람이라고 생각합니까?"

❷ 요점(대답)
"사랑받는 아나운서는 진정으로 자신을 사랑할 줄 아는 사람이라고 생각합니다."

❸ 사례
"얼마 전 방송에서 이런 일이 있었습니다…."

❹ 마무리
"여러분, 진정으로 대중으로부터 오래도록 사랑받는 아나운서가 되기를 원하십니까? 그러면 먼저 자신을 사랑하는 방법을 배우십시오."

이러한 3분 스피치를 신문의 헤드라인처럼 압축시켜놓은 것이 3초 스피치이다. 아나운서는 3분이 아니라 3초에 승부를 걸어야 한다. 그래서 네 번째 단계인 마무리 단계에서 3초 스피치의 핵심이 정리되어야 한다.

　사람들은 정갈하게 다듬어진 말을 요약해서 듣기를 좋아한다. 장황하게 주절주절 늘어놓는 말을 좋아할 사람이 어디 있겠는가? 우리가 말 많은 사람을 싫어하는 것은 그 사람을 싫어하는 것이 아니라 그 사람의 장황한 말을 싫어하는 것이다. 장황한 말은 머리를 어지럽힐 뿐더러 시간도 빼앗아간다.

아나운서 지망생들은 공채에 대비해 정기적으로 공개오디션을 본다. 실전에 대비해 연습할 수 있는 동기부여를 주기 위해 카메라 앞에서 15초 동안 릴레이 오디션을 받는다. 대형 방송사의 아나운서 공채에는 수천 명의 예비 아나운서들이 지원하기 때문에 1차 카메라 테스트에서 보일 수 있는 것은 방송인으로서 적합한 동영상 이미지와 음성 표현에서 느껴지는 순간적인 느낌이다. 심사위원들은 단 몇 초 안에 그 사람의 가망성과 재능을 발견해낸다. 그러므로 호감이 가고 품격이 느껴지는 이미지로 가꾸어야 하며, 자신을 한마디로 표현할 수 있는 능력이 필요하다. 잘 정제된 말은 다이아몬드처럼 빛나게 한다.

- "유쾌한 명희씨!" 유쾌함과 진지함으로 시청자들에게 창문과 같은 아나운서가 되겠습니다.
- "깨끗하게, 맑게, 자신 있게" 너무 튀지 않으면서 소박하고 순수한, 그리고 거리의 가로등 같은 아나운서가 꿈입니다.
- "랄– 랄– 랄–" 언제나 시청자들과 함께 마음의 댄스를 추고 싶습니다.
- "헤일 수 없이 수많은 밤을~"(멋진 노래로 시작) 사람의 마음을 어루만지는 일이 얼마나 매력적인가를 잘 알고 있습니다. 사람에 대한 진정성을 담은 아나운서가 되고 싶습니다.

작은 지역방송국에서 장애인을 위한 읽기 방송을 하고 있는 어느 지망생은 자신을 다음과 같이 소개했다.

"제 소리는 따뜻합니다. 제 소리는 유익합니다. 따뜻하고 유익한 저의 목소리를 좀 더 많은 사람들에게 전달하고 싶습니다."

이러한 명쾌한 소개는 3분 스피치와 3초 스피치 훈련을 통해서 가다듬어진다. 333 법칙은 일상생활에서 기적을 만들어주는 3초의 여유, 첫인상 3초의 혁명으로 모든 사람들에게 적용된다. 3초 안에 어필하지 못하면 상대에게 기억될 수 없다.

3초의 Eye Catch, 3분의 Mind Catch, 3시간 이상 Forever!
상담이나 미팅 등에서 3초 동안만 지긋이 바라보라

처음 누군가를 만날 때는 상대가 어떤 사람일까 하고 탐색을 하게 된다. 그러나 자칫 잘못하면 짧은 탐색의 시간이 어색함과 긴장감을 초래해 바람직하지 못한 결과를 낳을 수 있다. 3초의 따뜻한 시선으로 "나는 당신을 원합니다", "나는 당신을 신뢰합니다"라는 강렬한 메시지를 전달하면 상대의 마음은 자연스럽게 열리게 된다.

인사를 할 때 허리를 굽혀 3초만 멈춰라

인사의 각도가 꼭 상대에 대한 존경의 표현만은 아니다. 상황과 경우에 따라 인사하는 사람의 마음을 정중하게 표현하는 것이 더 중요하다. 가벼운 느낌이 들지 않게 3초간 정지했다가 천천히 상체를 올리면서 잠깐 상대의 눈을 바라보면 경의의 마음이 정중하게 표현된다. 상대는 즉시 호감을 갖게 된다.

물건이나 위치를 지시할 때 3초만 정지하라

어떤 물건이나 위치를 가리킬 때 손가락을 가지런히 모아 지시하는 방향으로 3초만 정지하라. 동작이 굉장히 우아해보일 뿐만 아니라 성의와 정성을 다하는 모습으로 보인다. 재빨리 가리켰다가 손을 내리는 것보다는 3초만 정지해 있으면 상대는 정말 친절하게 나를 안내하고 있구나 라는 느낌을 받는다.

프레젠테이션을 하기 위해 단상에 섰을 때 3초만 멈추어라

단상에 올라가 허둥지둥 주의를 집중시키지 못하고 이야기를 시작하는 것은 프레젠테이션의 아마추어적인 행동이다. 3초 동안 주위를 둘러보고 자세를 갖추면 이후의 진행은 원만하게 이루어진다. 잠깐의 정적은 시선 집중은 물론이고 본인의 마음도 안정되어 차분하고 집중된 분위기 속에서 프레젠테이션을 마칠 수 있다.

아쉬움과 미련이 남을 때 비스듬히 어깨 너머로 3초만 바라보라

사람과의 만남에 있어 가장 마지막 모습이 머릿속에 남는다. 아쉬움과 미련을 말로 표현하는 것보다 촉촉한 눈망울을 마지막 잔영으로 상대의 가슴속에 남겨놓을 수 있다면 성공한 것이다. 아무리 매몰찬 사람이라도 다시 한 번 생각하게 될 것이다. 비스듬히 어깨 위로 3초만 상대의 눈을 바라보라. 그는 애절한 마음을 읽고 꼼짝하지 못하게 될 것이다.

화가 나서 펄펄 뛰는 사람에게 3초만 진지한 자세로
고개를 끄덕이며 들어주어라

일단 화가 난 사람은 앞뒤로 많은 사연과 사건들로 감정이 엉켜 있다. 그런 사람에게 아무리 논리적이고 설득력 있는 말을 해도 통하지 않는다. 우리 모두 그런 경험을 해보았기에 잘 알 것이다. 이때는 그 사람의 마음을 이해한다는 자세만 있으면 된다. 말이 필요 없다. 3초만, 3초만 그 사람을 바라보면서 진지하게 고개를 끄덕여주기만 해도 분노는 서서히 누그러든다. 그를 이해한다는 표정을 지으며 고개를 끄덕이면 그 사람은 이내 내편이 된다.

악수를 할 때 3초만 손에 힘을 주어 흔들어주어라

동서양을 통틀어 사람을 처음 만났을 때 하는 가장 일반적인 인사법이 악수이다. 간단하고 일반적인 인사지만 악수를 통해서 나를 보여주고 상대를 파악한다. 모든 관계의 시작인 것이다. 잠깐 동안의 스킨십으로 서로의 기를 느낄 수 있으며 상대에 대한 신뢰도, 자신감, 서로에 대한 우호적인 감정을 느낄 수 있다. 당연히 나의 적수라는 것도 파악할 수 있다. 앞으로 이 사람과 관계를 계속할 것인지 말 것인지의 판단은 손을 잡은 3초의 여유를 통해서 결정된다. 자신감 있고 당당하게 3초만 손에 힘을 주어 기를 전달하라. 비즈니스 상담은 황금알을 낳는 거위로 변하게 될 것이다.

–유혜선의 〈당당한 서비스〉에서 수정 인용

MODERATION 5
바다의 수면보다 더 깊은 곳에서 헤엄쳐라

한 남자가 있다. 그 사람이 나를 사랑하고 또 내가 그 사람을 사랑하는 마음 역시 간절하다. 이때 중요한 것은 그의 마음이 진실한가를 알아야 하는 것이다. 혹시 거짓 사랑은 아닌지를 파악해야 한다. 가장 좋은 방법은 자주 만나 함께 시간을 보내는 것이다. 사랑을 유지하기 위한 지적·문화적 수준의 차이를 발견하고 어떤 점에서 어울리는지 서로 맞추어보는 노력을 해야 한다는 뜻이다.

성공의 과정도 마찬가지다. 교육과정을 마친 학생들은 이제 방송인이 되기 위한 전문적인 교육을 받았기에 어느 정도 자질을 갖추었다고 생각한다. 그렇지만 방송 그 이면의 넓고 깊은 세계를 가슴으로 이해하고 친숙해져야 하는 과정이 남아 있다. 푸르게 보이는 방송의 바다가 많은 호기심과 상상력을 불러일으키지만 때로는 엄청난 해일과 폭풍을 동반한다는 것도 깨달아야 한다. 또 방송에 대한 윤리적 도덕적 책임감도 배워야 한다(이는 교육과정에서 매우 중요한 요소로 아카데미에서 배우기도 하지만 실제 방송 현장에서도 터득을 해야 한다). 그래서 나는 방송의 모든 것을 이해하기 위해 매일 방송과 함께 호흡하고 늘 같이 어울리라고 말한다. 카메라는 단순히 기계 이상의 감정으로 친해져야 한다. 마치 숙명적으로 선택한 사랑하는 애인을 대하듯이 매일매일 애정 어린 스킨십과 사랑의 대화를 나누라고 말한다.

"카메라야, 카메라야, 이 세상에서 누가 가장 신뢰와 호감이 가니?"라고 물으면 카메라에게서 "미안하지만 오늘 너는 별로 신뢰가 가질 않아, 왜냐하면 다소 가식적인 모습이 느껴지는 걸, 좀 더 진실로 나를 대할 수는 없을까?"라는 대답이 돌아오지 않도록 솔직한 모습을 비추어보아야 한다. 그렇게 카메라에 비춰진 모습을 수시로 관찰하고 모니터하는 것이다. 방송 이면의 중독성에 빠지지 않고 방송의 유익함과 진실에서 오는 즐거움을 누리는 내공을 쌓아야 한다. 그러고 난 뒤 방송이라는 바다에서 주목받는 한 인간의 삶을 살아가는 진정한 방송인이 되어야 한다. 어느 한 분야에서 성공한다는 것은 그 세계의 어둠과 밝음을 모두 이해하고 아우를 수 있다는 뜻이다. 그 사람은 자신을 그 이상도 그 이하도 아니라고 생각할 수 있는 절제의 힘을 갖추어야 한다.

한 아나운서 지망생에게 물었다. "아나운서의 매력은 무엇이라고 생각하는가? 왜 많은 직업 중에 아나운서가 되고 싶은가?" 그는 너무도 진지하고 순수하게 대답했다. "저는 사람을 만나는 것을 좋아해요. 아나운서라는 직업은 여러 계층의 사람들과 다양하게 만날 수 있는 접근성이 좋잖아요? 사람에 대한 관심과 호기심. 이것이 앞으로 제가 살아가는 영원한 이유라고 생각합니다." 너무도 정확한 대답이다. 그래, 아나운서는 단순히 사람을 너무 좋아한다는, 그 이상도 그 이하도 아닌 욕심을 버릴 때 가능하다.

이 세상의 모든 직업은 사람을 통해서 이루어간다. 우리의 삶과 진리, 진실은 결국 사람의 진심을 대변할 수 있어야 하기 때문이다.

한 분야에서 성공한다는 것은 그 세계의 어둠과 밝음을 모두 이해한다는 뜻이다. 그 사람은 자신을 그 이상도 그 이하도 아니라고 생각할 수 있는 절제의 힘을 갖추어야 한다.

1 당신은 책을 많이 읽어 지식이 매우 풍부하다. 그런데 어벽이 있어 표현을 잘하지 못한다. 이를 어떻게 극복할 수 있을까? 구체적인 실천방안을 써보라.

_____

_____

_____

_____

2 한 가지 주제를 정한 뒤 3분 동안 스피치를 해보자. 그 모습을 동영상으로 찍은 뒤 분석을 해보라. 고쳐야 할 점은 무엇인가?

_____

_____

_____

_____

3 절제 있는 여성이 되기 위해서는 어떻게 해야 할까? 구체적인 방법을 다섯 가지만 써보라.

_____

_____

_____

_____

3 스타일

나 자신이 가장 멋있어야 한다

가장 훌륭한 상품은 내 자신이다.
품격 있는 여성은 자신의 스타일을 입는다.
스스로 빛나고 있는 사람에게 기회가 오고
세상은 그들을 중심으로 돈다.

내면의 아름다움을 끄집어내라

성공은 현대 여성의 화두이다. 그 성공 중의 하나가 지금 우리가 살펴보고 있는 아나운서이다. 오늘날은 아나운서 전성시대이다. 아나운서 패션스타일, 헤어스타일, 메이크업이 사랑을 받으며, 아나운서처럼 세련되고 품격을 갖춰 주목 받고 싶어 한다. "너 아나운서 같다"라는 말은 예쁘고 지적으로 보인다는 의미. '태양의 여자'의 김지수처럼, '스포트라이트'의 손예진처럼, '유리의 성'의 윤소이처럼. 그녀들의 표정, 자세, 스타일, 우아함 그리고 사랑과 야망까지도 흉내 내고 또 그들의 삶을 살고 싶어 한다. 아나운서는 다양한 기회를 보장받을 수 있고 얼굴이 잘 알려진 방송인으로 엄청난 부가가치도 누릴 수 있다. 다시 말해 자신의 꿈을 성장시키는 디딤돌이 되는 것이다.

그 커다란 꿈속에는 자신을 가장 사랑하는 엄청난 나르시시즘 自己愛이 숨어 있다. 카메라와 수많은 시청자들의 시선은 그들을 완벽한 카타르시스의 삶을 살게 한다. 오늘날 자신의 가치와 개성, 차별화와 브랜드를 확실하게 보여주는 사람, 맨 앞자리에서 이 세상을 바꾸어 나가는 최고의 경쟁력을 가진 사람들이 바로 그들일지도 모른다. 그러기 위해서는 내면의 성숙과 겸손한 매너, 인간적인 품격을 갖추어야 한다.

아나운서의 스타일을 배우자

때로는 이미지가 논리보다 강하다. 형식이 내용을 지배하는 경우도 있다. 아나운서 스타일에 젊은 여성들의 미래의 희망과 야망을 담아보는 것도 나쁘지 않다. 아나운서 스타일은 모자람도 넘치는 것도 없이 딱 알맞게 참하고 세련되며 지적인 인상을 주기 때문이다. 첫눈에 통통 튀지는 않지만 오래 두고 볼수록 빛이 나는 바로 그런 스타일이다. 그래서 사람들의 눈길을 끈다.

그렇지만 나는 학생들에게 항상 말한다. 아나운서의 성공은 현란한 말솜씨와 치장이 아니다. 섬세한 감각과 피나는 노력, 휴머니즘 그리고 끝없는 자기 성찰을 통해서 완성된다. 가장 중요한 것은 마음이 따뜻해야 한다. 내면의 아름다움이 겉으로 드러나 호감 가는 스타일로 변신하는 것이다. 아나운서 스타일은 한두 번 따라 해보는 것으로는 그다지 효과가 없다. 평소에 염두에 두고 생활해야 자연스럽게 몸에 배는 것이 아나운서 스타일이다.

KEY POINT
내면의 아름다움

때로는 이미지가 논리보다 강하다. 형식이 내용을 지배하는 경우도 있다. 그러나 여성의 성공은 피부 관리나 성형, 현란한 말솜씨와 치장으로 이루어지지 않는다. 섬세한 감각과 피나는 노력, 휴머니즘 그리고 끝없는 자기 성찰을 통해서 완성된다. 가장 중요한 것은 마음이 따뜻해야 한다.

아나운서 스타일은 무엇인가?

우리가 아나운서의 스타일에 주목하는 이유는 그들이 대중성과 신뢰성을 확보하고 있기 때문이다. 만약 자신의 스타일을 창조하는데 어려움이 있다면 아나운서 스타일을 참조하면 커다란 도움이 된다. 우선 아나운서 스타일은 짧은 보브컷과 단발머리, 단순하고 무난한 색상의 바른 정장으로 대표된다. 이것의 원칙은 단정함과 단아함이다. 이에 더해 최근에는 전문 스타일리스트들의 도움을 받아 전문직 여성으로서의 당당함과 엔터테인먼트의 요소를 가미한 멋스러운 자유로움을 더하고 있다.

과거 흑백이 주조였다면 요즘은 파스텔톤의 은은한 색상이나 빨강, 초록, 파랑 등 밝은 보색 계열의 정장도 많이 입는 추세이다. 그 어떤 스타일이든 아나운서들이 신뢰받는 이유는 다양한 자유로움 속에서도 기본 원칙을 잘 지키며 소화해내고 있기 때문이다.

TPO에 맞는 자기연출

부드럽고 유연한 라인이나 색깔보다는 직선과 단색이 훨씬 더 안정감과 신뢰감을 준다. 그리고 무엇보다도 신뢰감의 생명은 '말'이기 때문에 입이나 얼굴을 돋보이게 하는 스타일과 색깔로 이미지 메이킹을 할 수 있어야 한다. 그래서 화려하고 너무 패셔너블한 의상보다는 오히려 단순하고 단정한 의상이 얼굴과 전체의 이미지를 살려준다. 이것은 아나운서뿐만 아니라 말을 통해서 자신의 직업을 펼치는 사람에게 공통되는 해당 사항이다.

얼마 전 중앙일보와의 인터뷰에서 "여성 앵커의 의상만 봐도 첫 뉴스의 분위기를 짐작할 수 있다. 나쁜 사고가 있는 날은 여성 앵커의 의상 색상이 무채색에 가깝고 무거운 느낌으로 코디하며 가급적이면 화려한 의상은 피한다. 반면에 올림픽이나 국제회의 축제나 기념일이 있는 날은 의상뿐만 아니라 전체적인 분위기를 밝고 화사하게 연출한다. 아나운서 스타일에서 가장 중요한 것은 자신의 체형이나 분위기, 스타일 그리고 함께 진행하는 파트너와의 조화에도 많은 신경을 써야 한다는 점이다"라고 말했다.

아나운서의 패션 스타일은 모든 사람들의 주목의 대상이다. 어느 옷가게는 아예 'A 아나운서가 입었던 옷'이라고 부착해놓고 팔기도 한다. 봄온아카데미에서 오랫동안 아나운서 지망생들의 이미지 메이킹 강의를 해온 '터치포유'의 이은주 대표 역시, 학생들이 개성과 색깔을 살리기보다는 어느 아나운서처럼 보이게 해달라고 하는 경우가 많다고 한다. 방송 분장은 매직magic이라 할 정도로 일반 메이크업과는 달리 그녀들이 원하는 이미지를 자유롭게 연출할 수 있다. 지방 촬영이나 야외 촬영에서 급박한 순간에 방송을 해야 할 경우, 직접 하는 이미지 연출이 필요하다. 때문에 전문 방송인으로서 개성과 이미지를 만들 수 있는 노력을 해야 한다.

카메라를 통해 보이는 색상 느낌과 자연광에서의 색상 느낌은 많이 다르다. 따라서 평소에 좋아하는 스타일과 컬러만을 고집하면 곤란한 상황을 초래할 수도 있다. 그래서 전문가의 조언을 참고해야 하며 자신을 가장 잘 살릴 수 있는 스타일과 연출법을 알고 익혀야 한다.

TPO라는 말이 있다. Time(때), Place(장소), Occasion(상황)에 맞는 자기연출, 센스와 감각, 전문적인 학습과 노력을 필요로 한다. "인생은 그라데이션이다"라는 말이 있는데, 이 말은 선명한 색깔들과 어두운 베이스칼라들이 절묘하게 어우러져 그 경계를 없애면서 표현되는 메이크업 기술에도 적용할 수 있다. 당당하게 성공하고 매력 있는 여성으로서의 이미지 메이킹을 위해 그라데이션 스킬을 배워야 한다. 인생의 성공과 실패는 자신에게 주어진 환경을 어떻게 받아들이고 노력하느냐에 달려 있다. 그러므로 음과 양의 조화를 아우르는 사람이 되어 자신만의 색깔을 만들어내야 한다.

인생의 성공과 실패는 자신에게 주어진 환경을 어떻게 받아들이고 노력하느냐에 달려 있다. 그러므로 음과 양의 조화를 아우르는 사람이 되어 자신만의 색깔을 만들어내야 한다.

아나운서 표정 따라 하기

여성에게 있어 표정은 매우 중요하다. 한순간 나의 모든 것을 나타내기 때문이다.

그런 의미에서 아나운서의 표정은 대중 커뮤니케이션의 모델이다. 그래서 아나운서의 표정은 밝고 환한 표정이어야 한다. 표정이 행운을 불러들인다. 하늘의 복은 입술에 담긴다는 말이 있다. 입꼬리가 밑으로 처진 사람과 무표정한 얼굴의 입모양을 한 사람은 그 복을 다 담을 수 없다. 하지만 입꼬리가 살짝 올라간 스마일 라인의 입술은 하늘의 복을 바구니에 담는다. 그래서 웃으면 복이 온다고 하지 않았던가?

나는 학생들에게 매일 하늘에서 내려오는 복을 우리 모두 웃는 얼굴로 담아보자고 말한다. 그래서 수업을 시작하기 전에 반드시 얼굴의 근육을 풀고 웃는 얼굴, 환한 표정 만들기를 연습한다. 환하고 예쁜 표정에서 맑고 아름다운 목소리가 담겨지기 때문이다. 표정은 인상을 바꿀 뿐만 아니라 운명도 바꾼다. 그래서 행운과 복은 스스로 만드는 것이다.

아무리 힘들어도 언제나 환하게 웃으면서 다니는 학생들을 보면 그녀들의 환한 미래를 알 수 있다. 묻혀 있어도 스스로 빛나고 있어 모든 행운과 기회를 끌어당기고 있다. 당당하게 아나운서가 된 제자들을 보면, 훈련 과정이 힘들어 울던 때가 엊그제 같은데 TV에서 생글생글 웃으며 자신감 있게 방송하는 모습에 "그래, 너는 하늘의 복을 스스로 받은 사람이었어"하며 고개를 끄덕이곤 한다.

지금의 과정이 힘들어도 내면적인 성숙의 기회로 만들어라. 외모는 부모로부터 타고나지만 표정은 만들 수 있다. 타고난 아름다움과 스스로 만들어나가는 아름다움이 있듯이 나이가 들수록 스스로 만들어가는 아름다움이 훨씬 더 값지다. 만들고 싶은 이미지로, 살고 싶은 인생으로 제2의 얼굴을 성형하라.

자, 그럼 매일 아침 '스포트라이트'의 손예진의 표정 근육 풀어주기를 따라 해보자.

개구리 뒷다리!

개구리 뒷다리!

매혹의 비밀무기, 눈맞춤

매혹적인 눈맞춤으로 상대를 사로잡아라.

B씨는 관계를 맺고 있는 단체와 모임이 상당히 많을 뿐만 아니라 지인들의 대소사는 물론이고 온갖 행사와 모임에 다 찾아다닌다. 하루하루 열심히 사는 것 같지만 그녀의 내면을 한번 들여다보고, 슬며시 묻고 싶다. 자신의 인생이 그렇게 꽉 찬 것처럼 충만하고 행복하냐고. 정말 실속 있는 만남은 양보다 질적인 만남이다. 질적인 만남을 성공적으로 이끌어주는 요소가 눈맞춤이다. 눈은 마음의 창이다. 눈을 통해서 마음이 통해야 한다. 상대의 마음을 얻으면 천하를 다 얻은 것 같은 행복감을 주는 사람도 있다.

평창 동계올림픽 유치에 대한 여러 가지 후일담이 있지만 가장 기억에 남는 것은 러시아 푸틴 대통령의 눈빛어린 호소였다. 진심 어린 눈빛은 상황을 완전히 뒤집어 놓을 수 있는 힘을 지녔다. 의례적이고 형식적인 만남보다 진심을 담은 눈맞춤이 훨씬 더 깊고 오랜 영향력을 발휘한다.

그런데 우리나라 사람들은 이런 눈맞춤에는 별로 익숙하지 못하다. "어디 눈을 똑바로 쳐다보고 말하느냐?" "눈 밑으로 깔아!"라는 말처럼 상대의 눈동자를 똑바로 쳐다본다는 것은 공격성의 의미로 파악되는 일이 많다. 반면 국제사회에서는 상대의 눈을 똑바로 보지 않으면 자신에게 관심이 없는 것으로 생각한다. 눈맞춤에서도 글로벌시대에서의 이異문화를 느낄 수 있는 것이다.

우리나라를 비롯하여 동양의 문화는 입식문화이다. 그리고 정서적으로 정착식 문화이기 때문에 다른 사람에 대한 경계심이 별로 없다. 상대의 눈을 보지 않아도 이심전심으로 다 안다. 하지만 서양의 문화는 항상 거주지를 옮겨 다니는 이동식 문화이고 좌식문화이다. 많은 이방인들 속에서 항상 경계심을 가지고 자신을 보호해야 하기 때문에 상대의 눈을 보고 행동을 예측해야 한다. 마치 서부의 총잡이들이 결투에서 시선을 아래로 떨어뜨리는 순간 총을 맞듯이 말이다.

치열한 글로벌시장에서의 화려한 파티장은 마치 황야의 무법자들의 한판 승부장과 같다. 참석한 사람들의 시선을 놓지 말아야 한다. 그래서 와인 잔을 보지 않고도 잡을 수 있도록 자루가 길게 만들어져 있다는 말도 참 재미있다. 와인이 국제무대에서 인간관계의 연결코드로 친숙하게 활용되는 이유는 눈맞춤에 의한 건배문화이기 때문이다. 맛과 색깔만큼이나 다양한 와인은 많은 사람들과의 관계에서 그만큼 다양한 인간의 속성을 이해하게 한다.

와인에 대한 상식이 풍부한 사람은 그만큼 다양성을 받아들일 수 있는 준비되어 있는 사람으로 간주된다. 진정한 세계시민으로서의 예의를 갖춘 사람이라고 생각하기 때문이다. 그런데 국제예절을 갖춘 사람들의 눈맞춤은 우리가 생각하듯이 눈동자를 똑바로 쳐다보는 것과는 사뭇 다르다. 눈은 입보다 많은 것을 이야기한다. 시선 처리는 마음의 움직임을 알 수 있다.

영국의 행동학자 데스먼드 모리스는 "사람은 거짓말을 할 때 눈을 오른쪽으로 급히 올렸다가 내린다"라고 지적한다. 그만큼 시선 처리에 의해서 정보 전달력이 30% 이상 영향을 미친다.

아나운서들은 카메라를 8초 정도 보다가 2초 정도 살짝 원고를 본다. 시청자들과 아주 자연스러운 아이 컨텍이 이루어지는 순간이다. 눈으로 말하는 달콤한 키스, 상대를 볼 때의 시선 처리의 황금 비율은 8:2이다. 눈과 눈 사이를 8초 동안 쳐다보다가 2초 정도 턱과 목이 있는 V존으로 옮겨라. 그러다가 또 살짝 8초 정도 눈을 보다가 2초 정도 V존에서 머문다. 이 적절한 시선 배분이 얼마나 사람의 마음을 움직이게 하는지 모른다. 이것이 매혹의 카리스마 아이 컨텍의 파워다.

자신을 가장 **매력**적으로
보이게 하는 **옷 입는 기술**

"옷이 날개다"라는 말은 사치스럽고 고급스러운 옷만이 가치를 지
닌다는 뜻은 절대 아니다. 품격 있는 옷, 장소에 맞는 옷이 더욱 빛을
발한다는 뜻이다. 옷은 때로는 여성의 앞날을 결정하는 데 큰 요소가
된다. 반대로 똑같은 옷을 입었을 때 여성은 평범해지기도 하고 갑자
기 특출 난 사람이 되기도 한다.

한번은 공영방송 신입 아나운서 공채시험에 면접 복장으로 청바지
와 흰 티셔츠 차림을 지정했다. 아나운서 시험을 대비하는 학생들에
게 의상까지 신경 써서 준비해야 하는 것이 상당히 부담되었고 또 때
로는 값비싼 의상이 논란의 대상이 되어 그런 결정을 내린 것이었다.
아나운서 시험의 거품과 허상을 걷어내고 본연의 재능과 자질을 점검

한다는 의미에서 신선한 시도였다.

그래서 공개 오디션을 준비하는 과정에서 나는 물론이고 진행을 도와주는 우리 직원들까지 청바지와 흰색 티셔츠를 입었다. 비록 청바지에 가장 기본적인 흰 티를 입었지만 학생들의 숨어 있는 감각은 어김없이 드러났다. 다리가 짧은 사람이 긴 셔츠를 입는다든지, 목이 길고 어깨선이 도드라진 사람이 옆으로 긴 접시형 라운드셔츠를 입는다든지, 뾰족하고 각진 얼굴이 V넥의 티셔츠를 입고 오디션 장에 나타나는 것을 보면 각자의 감각을 알 수 있다. 값비싼 청바지가 아니어도 스타일을 예쁘게 연출한 학생을 보면 얼마나 감각 있고 재치가 있어 보이는지 모른다.

옷은 사람에게 새로운 이미지를 만들어 줄 뿐 아니라 평가의 요인이 되기도 한다. 값비싼 브랜드가 아니더라도 의상에 대한 약간의 지식이나 감각만 가지고 있다면 비용도 덜 들고 훨씬 멋스럽다는 평가를 듣는다. 감각은 그 사람의 진정한 가치를 보장한다.

KEY POINT
옷이 주는 또 다른 의미

 옷은 사람을 잘 포장해서 나타내기 때문에 보는 사람들의 **평가의 요인**이 되기도 한다. 성공하는 여성은 그 장소에 맞는 옷을 입고, 자신을 최대한 표현하는 옷을 입는다. 값비싼 브랜드보다는 **감각 있는 옷차림이 그 사람의 진정한 가치**를 보여준다.

아나운서 시절, 내가 알던 한 선배는 시계와 구두는 유명브랜드의 신상품을 구매한다. 그렇지만 그 외의 셔츠나 바지 등은 중저가의 매장이나 시장에서 구입하고는 했다. 포인트를 정해 연출을 하면 그렇게 멋스러워 보일 수가 없다. 다른 아나운서들이 "이거 어디서 산 거야?"라고 물으면 "응, 동대문패션이야"라며 솔직하게 자신의 패션 스타일을 설명해줬다. 온통 명품으로 위에서부터 아래까지 휘감은 사람보다 훨씬 더 감각 있고 아름다워 보였다.

그러기 위해서는 자신의 체형과 스타일을 잘 알아야 한다. 그 선배 역시 자신의 체형과 스타일 그리고 얼굴 색깔과 분위기를 잘 파악하고 있어 항상 이미지 연출에 실패하지 않았던 것이다. 그녀는 옷을 한 벌 사기 전에 먼저 윈도우 쇼핑을 한 다음에 중저가 상점에서 비슷한 스타일을 구매한다. 비용이 저렴하기 때문에 여러 벌의 옷을 마련할 수 있다는 점과 좋아하는 스타일로 마음대로 연출하는 즐거움도 대단히 크다. 어떤 방송에서는 간단한 평상복의 원피스를 입고 출연했는데 약간 화려한 스카프와 몇 가지의 액세서리로 멋진 스타일을 연출해 분위기를 이끌었다. 그녀의 바른 자세와 유연한 포즈, 무엇보다도 상대를 정감 있게 배려하는 방송인으로서의 오랜 노하우가 더해져 더욱 성공적인 이미지 연출을 한 것이다. 스타일에 대한 그녀의 아이디어와 재치는 언제 어느 곳에서나 보석처럼 빛이 난다.

또 한 가지, 가장 자신 있는 옷 입기는 단점 앞에서 오히려 당당하고 과감해지는 자세이다. 돋보이고 싶은 장점을 잘 살려서 전체 이미지와 조화를 이루는 것이다. 그러한 조화로움 속에서 오롯이 나타내보이는 독특한 이미지와 색깔을 볼 수 있으며, 그것이 자신만의 스타일이라고 생각하면 된다.

다른 사람의 좋은 점만 따라하다 보면 이것도 저것도 아닌 어정쩡한 이미지 연출이 된다. 또 단점을 어설프게 숨기려 하다 보면 자세가 그만큼 위축된다. 살이 찌고 뚱뚱한 스타일이라고 생각하는가? 그러면 더 뾰족한 하이힐을 신고 타이트하고 대담하게 옷을 입어보라. 발끝에서 전해오는 살아 있는 긴장감이 얼마나 당당하고 자신감 있어 보이는지 모른다.

자신의 색깔에 맞는 옷입기

옷차림은 그 사람의 모든 것을 대변한다. 옷을 입는 데도 공식이 있다. 옷차림에서 가장 기본이 되는 것은 얼굴형과 피부 톤, 몸의 골격과 신장이다. 이에 맞춰 직선과 곡선, 색상, 모양을 결정한다.

의상 연출의 핵심 전략은 적절한 색깔의 조화이다. 색채 감각은 누군가에게 배운다기보다는 끊임없이 시도해보고 자신만의 색깔을 찾아내는 수밖에 없다. 이것을 퍼스널 칼라(personal color)라고 한다. 터치포유의 이은주 대표는 "사람에게는 가장 잘 어울리는 Best color와 가장 어울리지 않는 Worst color가 있다"고 말한다. 좋아하는 색과 어울리는 색깔이 서로 같을 경우에는 다행이지만 어떤 경우에는 평소에 좋아하는 색이 Worst color로 진단되어 나올 수 있다. 사람들은 그것을 잘 모르고 있는 경우가 많다. 어울리는 색을 찾기 위해서는 전문가의 도움을 얻어 칼라 진단을 받아보는 것이 좋다. 전혀 잘못 알았던 사실을 알 수 있다. 일반적으로 칼라는 네 가지로 나누어 이미지를 나타낸다. 당신이 초보라면 이 네 가지 상식만으로도 실패하지 않는 의상 연출을 할 수 있다.

- 청색 : 깔끔한 이미지
- 회색 : 지적인 이미지
- 갈색 : 겸손한 이미지
- 검정 : 권위적인 이미지

TIPS

계절별 색깔과 스타일의 예

봄 사람 〈노란색〉
윤기가 나는 사람으로, 특색은 귀여움과 발랄함이다.
배용준, 노주현, 문근영, 채림, 강수정, 문지애

여름 사람 〈흰색 계열〉
우아함, 화사함의 매력이 있다.
권상우, 조인성, 이영애, 심은아, 노현정, 이금희

가을 사람 〈브라운 계열〉
푸근함과 진중함의 매력을 안겨준다.
오연수, 최명길, 박상원, 김동건, 손범수

겨울 사람 〈블랙&화이트〉
도시적, 세련됨, 강렬함, 섹시한 매력을 풍긴다.
차인표, 최민수, 추성훈, 김주하, 손미나, 손석희

이미지를 UP시키는 패션 전략

계절에 맞는 색깔 코디도 중요하다.

스타일은 생김새에 맞추고 컬러는 자신의 피부 톤에 맞춘다. 사람의 피부 톤은 그 사람의 특성만큼이나 각양각색이지만 아마추어들은 크게 사계절의 컬라 감각에 맞춰 매치하면서 스타일을 공부하는 것이 가장 좋은 방법이다.

체형별 코디

사람의 몸은 다양한 라인이 있다. 여성들이 부러워하는 S라인부터 시작해 A라인, H라인, P라인 그리고 D라인까지 다양하다. 그러나 꼭 S라인을 부러워할 필요는 없다. 나의 체형은 이 세상의 유일한 '나'이기 때문에 차별화가 더 중요하다. 센스 있는 체형별 코디법은 자신의 체형을 잘 아는 것에서 출발한다.

얼굴에 색을 입혀라

여자에 대한 호의적인 평가 중에 Pretty, Beautiful, Sexy라는 말이 있다. 요즘 그보다 더 한 단계 높은 말이 있으니 바로 '동안' 이다. 동안은 '나이보다 젊어 보인다' 가 아니라 '어려 보인다' 는 말이다. 한때 생얼 열풍이 세간의 유행을 만들어내기도 했다. 동안처럼 보인다는 것은 그만큼 생동감 있고 신선한 이미지를 유지하고 있다는 의미이다. 유행을 참고하되 끌려가지 않는 감각, 자신을 지키는 개성, 밝고 호감을 주는 이미지로 보여주는 것, 이것이 아름다운 메이크업이다.

활기와 생기가 있는 화장법

가장 중요한 점은 살아 있는 맑은 눈매를 만드는 것이다. 자연스러운 화장에 강하고 맑은 눈매, 아이라인과 마스카라를 최대한 이용한

깊이 있고 선명한 눈 화장이 생명이다. 눈은 그 사람의 능력과 열정과 그리고 거짓 없는 마음, 생의 의욕을 한순간에 표현하는 아주 매력적인 마음의 창이다.

그 다음에는 입술 화장을 잘해야 한다. 특히 사진 촬영 등을 하는 날에는 입술 화장이 매우 중요하다. 카메라 앞에서는 얼굴과 입술이 가장 많이 부각되기 때문에 너무 튀게 하면 전체 얼굴 중에서 입술만 살아 움직이는 듯한 인상을 준다. 평범한 사람이라면 입술은 되도록 연하게 표현하는 것이 훨씬 더 세련돼 보인다. 입은 마음을 다스리는 창구이면서 상대의 신뢰를 담을 수 있는 아주 매력적인 도구이다. 예쁘고 화려한 입술, 그것이 상대의 가슴에 비수의 칼날이 되기도 하고 희망의 전령사가 되기도 한다. 입은 마음의 스피커이다. 그 영향력을 생각하면 메이크업 역시 얼마나 중요한가를 알 것이다.

가장 자연스러운 화장이 가장 세련된 화장이다. 없는 것 같으면서도 가장 중심에 존재하는 화장이 사람의 눈길을 사로잡는다. 전부 다 했으면서도 아무것도 안한 것 같은 신선함과 자연스러운 화장이어야 한다.

얼굴은 모든 가치를 대변한다. 그러므로 얼굴에 색을 입혀라. 개성을 살리면서도 상대에게 최대한의 매너와 예의를 갖추는 아주 자연스런 화장이 바로 One Point Make up이다.

관심을 끄는 원 포인트 메이크업 전략

❶ **TPO에 맞는 메이크업 연출은 기본 상식** : 직업과 위치 그리고 행사나 모임의 비중과 강약에 따라 조절한다.

❷ **깔끔하면서도 세련된 이미지 연출을 하는 화장이 필요** : 주인공의 화장은 조금 화려하게 한다. 주인공이 아니라면 주인공보다 살짝 옅게 하는 것이 좋다.

❸ **눈, 입 또는 그날 분위기에 따라 가장 강조하고 싶은 1 point 메이크업** : 하지만 지나치게 강조하면 약간 경솔하고 가벼운 이미지로 보일 수 있다.

❹ **눈, 입 두 곳 중에 하나를 선택하면 '눈'이 우선** : 눈은 반짝반짝 살아 있는 생명체의 표현이자 무언의 신체언어의 도구이다. 누군가에게 메시지를 전하고 싶을 때 간단한 눈맞춤으로 사인을 보내라.

❺ **대중의 만남 속에서 목소리는 약간 신비하게 감춰주는 것이 매력** : 관심을 전하는 화장은 매혹적인 눈빛을 강조하면 좋다.

❻ **평소에 안경을 쓰는 사람이라면 쓰지 않을 때보다 조금 더 진하게** : 약간 짙은 화장은 전문성 있고 주체성이 있는 사람으로 보이게 한다.

스타일의 **완성은 머리**이다

헤어스타일은 이미지 완성의 핵심이다. 헤어스타일이 인상의 70%를 차지한다. 헤어스타일은 외모나 체형과 달리 얼마든지 자신에게 알맞은 스타일로 연출이 가능하다. 그리고 색깔이나 길이를 원하는 대로 바꿀 수 있고 패션에 따라 다양하게 연출할 수 있기 때문에 감성과 센스, 감각까지도 나타낼 수 있다.

여성의 헤어스타일과 단정한 어깨는 또 다른 의미의 자신의 표현이다. 어느 순간에도 상황 연출이 가능한 어깨 위를 넘실거리는 생기 넘치는 단발을 권하고 싶다. 하지만 아나운서는 카메라에 의한 그림자를 생각하여 되도록이면 짧고 깔끔한 머리가 이미지를 잘 표현할 수 있다. 아나운서 헤어스타일은 단정하면서도 신뢰감이 느끼게 하는 스타일이다. 또 우아하면서도 전문성이 돋보이는 스타일을 원한다.

헤어스타일의 균형 방정식은 '머리 모양+얼굴라인=계란형의 실루엣'을 유지하는 것이다. 예를 들면 삼각형의 얼굴은 머리 꼭대기에 살짝 볼륨을 주며, 역삼각형의 얼굴은 머리 볼륨을 죽이고 이마나 볼 쪽으로 머리카락이 흘러내리도록 연출하면 좋다. 긴 얼굴형은 귀 옆의 볼륨을 살리고 둥근형은 스트레이트 헤어스타일이 어울린다. 너무 짧은 숏커트나 삭발에 가까운 머리는 부정적인 이미지로 신뢰감을 주지 못한다. 긴 머리는 단정하게 묶는 것이 좋다. 하지만 둘 다 아나운서의 헤어스타일로는 적합하지 못하다.

너무 화려하지도, 가벼워 보이지도 않게

생머리에 경쾌한 구두, 편안하면서도 생동적인 옷매무새는 활동적으로 보이게 한다. 촉촉한 생머리를 어깨 너머로 젖히며 도시적인 이미지를 보여주는 영화 속의 제니퍼 로페즈의 생기 있고 발랄한 모습을 상상해보라. 이 스타일에 자신이 없으면 단정한 커트 머리도 좋다. 예쁜 귀고리와 시원한 목선으로 열정적이고 세련된 여성의 이미지를 연출할 수 있다. 그리고 앞머리로 이마를 가리지 마라. 시원한 이마는 카메라가 가장 좋아하는 곳일 뿐만 아니라 시청자들과 통하는 길목이며, 행운과 복을 불러들이는 창이고 우주와의 소통채널이다.

만약 파티에 초대받는다면

우선 당황하지 말고 드레스코드부터 확인하자. 초대장에 'White Tie'라고 적혀 있으면 완벽한 디너 정찬파티이므로 남성은 흰색 연미복을 입고 여성은 어깨가 노출되는 긴 이브닝드레스를 입으면 좋다. 'Black Tie'는 비교적 캐주얼한 파티이므로 남성은 편안한 정장을, 여성은 무릎까지 오는 칵테일 드레스도 괜찮다. 무엇보다도 최선을 다해 준비하고 왔다는 성의가 표현되어야 한다. 여기에 이마와 어깨를 드러내는 머리로 스타일을 완성하면 좋다.

그리고 그 파티가 어떤 종류의 파티인가를 확인하는 것이 좋다. 조찬파티, 오찬파티, 오후의 간단한 티파티, 이브닝파티, 가든에서 하는 칵테일파티, 저녁에 하는 리셉션 디너파티 또는 완전한 예복과 많은 사람들이 초대되는 성대한 무도회파티에 따라 다르게 준비해야 한다. 또 주빈과 호스트가 누구인가에 따라서 일반적이고 상식적인 정보와 대화거리를 준비해가서 파티를 즐기는 것이 매너이다.

그들은 어떻게 **글로벌 리더**가 되었을까

'마음의 모양'이 중요하다

상대를 이해하고 자신의 목소리를 낼 줄 아는 사람이 세계시민으로서의 글로벌 리더이다. 글로벌 리더는 국제문화에 대한 이해와 당당한 모습으로 이미지 메이킹을 할 줄 알아야 한다. 능숙한 외국어 구사 능력을 바탕으로 세계 각국에서 카메라와 마이크를 잡고 있는 아나운서야말로 글로벌 리더로 불리기에 손색이 없다.

이미지 메이킹이란 자신의 본질을 바탕으로 상황에 맞는 최상의 이미지를 만들어내는 것이다. 이미지는 라틴어의 '이마고 Imago'에서 나왔으며 '마음의 모양'이라는 뜻을 지니고 있다. 흔히 우리는 이미지라고 하면 외형을 가꾸는 것이라고 생각하기 쉽지만 마음의 모양이라는 어원을 생각한다면 내면을 가꾸고 다듬는 것이 우선이라는 것을 알 수 있다. 그래서 외모는 태어난 것이지만 이미지는 전략적으로 만들어가는 것이다. 하지만 오늘날의 외모지상주의 Lookism와는 다르다. 이미지가 노력에 의해서 의도적으로 만드는 것이라면 세계무대에서도 당당한 글로벌 이미지 메이킹은 오랜 노력에 의한 전략적 표현이라고 할 수 있다.

프로가 되고 싶다면

마리우스 그리니우스 주한 캐나다 대사가 서울 조선호텔에서 열린 캐나다 우육수출협회(CBEF) 기자간담회에 참석했다. 그리니우스 대사는 광우병 파동 이후 중단된 캐나다산 소고기 수입 재개를 요청하는 자리에서 소가 그려진 넥타이를 매고 나와 사람들의 눈길을 끌었다. 캐나다 대사의 소 사랑 패션으로 얼마나 프로 의식을 지닌 공무원인가를 알게 했다. 그리고 넥타이 색상과 무늬의 코디로 교섭문화의 실력 차이를 확연히 알 수 있었다. 그는 소 팔러 왔다는 이야기를 굳이 말로 표현하지 않았다. 세련된 매너와 매혹적인 눈맞춤, 커뮤니케이션으로 사람들의 마음을 사로잡은 것이다. 그는 아마추어가 아니라 프로다.

남자가 흘리지 말아야 할 것은 눈물만이 아니다

남자의 발목과 잇몸은 드러나지 않을수록 좋다. 항상 깔끔한 복장으로 유명했던 미국의 영화배우 개리 그란트의 사진을 보면 다리를 구부려도 맨살이 드러나지 않도록 긴 양말을 신는 세심한 주의를 기울였다. 국제무대에서 프로들이 보여주는, 보이지 않는 곳까지 신경 쓰는 완벽한 치밀함과 세심한 노력이다. 다리를 꼬고 앉아 있어도 전혀 맨살이 드러나지 않아 편하고 자유롭게 보이는 자세를 갖추는 것에 반해 바른 자세로 앉아 있어도 맨살이 드러나 곱지 않은 눈살이 가게 하는 사람도 있다. 바지와 구두 사이의 양말의 칼라 매치도 중요하지만 맨살이 보이지 않도록 긴 양말을 신는 것이 더 중요하다. 어디에서나 당당하고 자신감 있는 대화 자세를 취할 수 있는 이미지 메이킹을 위해서는 철저한 관리가 필요하다.

소박하면서도 품위를 잃지 않는 흑진주, 미셸 오바마

그녀는 '검은 재클린'이라고 불릴 정도로 서민적이면서도 지적인 매력을 간직한 최초의 흑인 퍼스트레이디이다. 뉴욕 디자이너 엘리 타하리는 최근 40대 미국 여성들의 패션 아이콘으로 몸에 살짝 달라붙는 보라색 원피스를 출시하면서 '더 미셸 드레스'라고 이름을 붙였다. 고가의 고급 브랜드만을 고집하지 않으면서 나름대로의 뛰어난 감각으로 중저가의 대중적인 브랜드를 품위 있게 소화해내는 그녀의 패션 감각에 영감을 얻은 것이다. 미셸은 지적인 품위를 잃지 않으면서도 자신만의 스타일을 창출해내는 평범한 40대의 이미지로 대중 속으로 파고든다.

미셸은 기존의 화려하고 귀족적인 이미지의 퍼스트레이디와는 많은 차이점을 보인다. 미셸 패션은 탈페미니즘을 상징한다. 그녀의 패션은 여성스러워 보이고 섹시해 보이면서 동시에 강한 이미지다. 미셸의 의상은 대부분 적당히 슬림한 라인의 무릎길이 원피스다. 〈뉴스위크〉 표지를 장식한 볼드한 진주목걸이와 밝은 블루드레스, 미네소타주 세인트폴 유세에서 아제딘 알라이아 블랙벨트와 조화를 이루는 보라색 드레스는 많은 사람들에게 친근한 관심을 불러일으키는 옷차림이었다.

대담한 컬러와 깔끔한 실루엣에 더해지는 액세서리, 올곧은 취향을 통해 완성한 패션, 서민들의 위화감을 불러일으키지 않는 그녀만의 세련된 스타일. 옷에 대한 담백한 취향이 말해주는 미셸은 최고의 퍼스트레이디다.

미셸 오바마의 패션 특징을 살펴보자. (자료 : 월스트리트저널)

- 보석 : 전통적인 진주목걸이를 선호하고, 반짝이는 브로치와 찰랑거리는 귀걸이로 전체 이미지에 활력을 준다.
- 소매 : 팔을 완전히 덮은 길이보다는 소매가 없거나 3/4 길이의 소매를 선호한다.
- 전체 라인 : 장식이 없고 몸 전체에 붙는 라인을 즐겨 입는다. 몸 전체의 실루엣을 드러내는 울 원피스도 선호한다.
- 색깔 : 보라색, 터키옥색, 기타 화려한 색을 선호하며 빨강, 파랑, 중간색의 드레스는 피하는 편이다.
- 구두 : 높고 뾰족한 전통적 하이힐보다는 발 앞이 뭉툭하고 굽이 낮은 펌프스 종류의 편안한 스타일을 선호한다.

작은 것이 부리는 큰 조화, 올브라이트의 브로치 외교

"원대한 목표를 품는 것은 불가능했다. 다만 매순간 열심히 살아온 결과 성공했다." 우연이란 축적된 필연의 결과다.

"강철 속의 카페라떼와 같은 부드러움을 감춘 여인." 작은 것으로 큰 조화를 이루는 올브라이트 전 미국 국무장관은 브로치 외교로 유명한 사람이다. 그녀는 매섭고 딱딱한 인상 때문에 사람들에게 차갑고 냉철한 이미지를 준다. 그래서 항상 뭔가 친근하고 편안하게 대화를 이끌어낼 수 있는 메시지가 필요했고, 그녀는 브로치를 선택했다. 브로치는 그녀의 패션 아이콘으로 전세계에 알려졌다.

매일매일 남자들이 넥타이를 바꿔 매듯이 그녀의 멋진 브로치는 그녀만의 상징이었다. 복잡하고 어려운 중동지역을 방문할 때는 거미줄 브로치를, 러시아를 방문할 때는 독수리 브로치를 달아 힘의 외교를 상징했으며, 우리나라를 방문할 때에는 햇볕정책에 대한 지지표명으로 선버스트 Sunburst 브로치를 달았고, 김정일 위원장을 만날 때에는 우정의 표시로 하트 모양의 브로치를 달았다. 〈타임〉과의 인터뷰에서 "누군가 콕 쏘아줄 사람이라면 벌 모양의 브로치를, 러시아 외무장관을 만나 국방문제에 관해 논할 때는 미사일 모양의 브로치를 달았다"고 말하기도 했다. 유엔대사 시절 이라크 방문 전에 사담 후세인이 '사악한 뱀 같은 여자'라고 비난했다는 기사를 보고 뱀 모양의 브로치를 달았다는 사례는 너무도 유명하다. 오바마의 정상 외교 대리인으로 G-20 정상회의에 참석하는 올브라이트는 명예와 영광의 상징인 월계수잎 모양의 브로치를 달아 시선을 끌었다.

카리스마보다 강한 에너지를 가진 여자, 힐러리 클린턴

오바마와 멋진 대선 경쟁을 벌였고 또 경쟁자의 승리를 축하하며 진정한 파트너십을 발휘한 유연한 승리자 힐러리 클린턴의 자기 연출을 보면 그녀가 얼마나 이미지 메이킹의 프로인가를 알 수 있다.

힐러리의 젊은 시절 사진을 보면 당당하고 우아한 지금의 모습은 찾아보기 힘들다. 길고 거친 갈색머리에 얼굴 전체를 가리는 투박한 안경, 화장을 전혀 하지 않은 얼굴, 아무렇게나 걸쳐 입은 무채색의 셔츠와 청바지 차림이었다. 이렇게 꾸밈없는 외모에서 자신을 가꾸기 시작한 것은 남편 빌 클린턴의 주지사 재선 실패가 자신에게 책임이 있다고 느끼면서부터였다. 머리를 세련되게 다듬고 두꺼운 안경에서 콘텍트렌즈로 바꾸는 등 다양한 이미지 변신을 시도했다. 남편의 재선에 성공한 힐러리는 축하 파티에 아름답고 섬세한 디자인의 멋진 드레스를 입고 나타나 사람들을 놀라게 했다.

영부인이 되었을 때는 우아하고 포용력 있는 이미지로, 르윈스키 스캔들이 벌어졌을 때는 니트 차림에 머리띠를 하고 나타나 남편의 바람은 단지 개인적인 문제로 국민들의 관심을 돌리는 이미지 연출을 하였다. 상원의원일 때의 힐러리는 짧은 머리에 바지 정장 차림으로 진취적이고 추진력 있는 정치인으로서의 자신감을 보였다.

자유로움과 미래지향적인 정치인의 이미지로 그녀가 자주 입었던 블루 슈트는 창의적 여성 리더십의 이미지를 보여주었고, 화려하고 강렬한 붉은색 슈트는 내면적 열정과 성공한 정치인의 모습을 나타냈다. 미국 대선에서 오바마의 경쟁자로 당당하고 멋진 연설과 신뢰감 있는 이미지는 얼마나 많은 미국 국민들의 가슴을 설레게 하였던가?

패션은 권력이다, 콘돌리자 라이스의 파워 슈트

콘돌리자 라이스는 힘이 넘치는 정장 스타일로 유명하다. 그녀의 세련미는 언제나 절제 속에서 더욱 빛났다. 세련되고 단정한 정장과 칼라매치를 하는 구두. 다리를 꼬고 앉았을 때 더욱 돋보이게 하는 세심한 곳까지도 놓치지 않는 구두광이다. 정장의 길이, 유행을 타는 라인, 옷깃 속에 보이는 진주목걸이의 길이까지 그녀의 전략적인 옷차림은 전문성을 더욱더 강하게 뒷받침해준다.

그녀는 대통령과 함께 출석하는 자리에서는 감색이나 회색 정장을 입고, 혼자서 움직일 때는 빨간색이나 흰색 정장으로 자신을 돋보이게 한다. 백악관과 미국 정치의 중심에서 지성적이고 파워풀한 이미지 연출로 많은 사람들의 가슴을 흔들어 놓는다.

미국 역사상 두 번째 여성 국무장관이 됐을 때 라이스 장관은 화려한 옷차림으로 막강해진 권력을 확실하게 의식하고 있다는 것을 보여줬다. 부시 대통령과 유럽 순방을 할 때 라이스 장관은 금장 단추가 달린 검정색 롱코트에 부츠 차림이나 화려한 붉은색 투피스를 입는 등 패션 리더처럼 세련되고 뛰어난 패션 감각을 유감없이 발휘했다. 아시아 6개국을 순방할 때는 검은색 테두리가 있는 정장이나 검은색 재킷, 또렷하고 선명한 노랑 재킷과 검은 스커트 등으로 신중하고 정중한 모습을 보여주었다.

6자회담 무기한 중단 선언으로 북핵문제가 중대한 국면으로 접어

들었을 때 방한한 그녀는 직선형의 딱딱한 정장을 입고 나타나 차갑고 엄격한 인상을 보여주었다. 그러나 두 번째 방한은 북한이 6자회담에 복귀한다고 선언한 이후여서인지 칼라가 아예 없거나 둥근 칼라, 그리고 중국 전통복장에서 유래한 만다 린 칼라를 변형한 여성스러운 정장을 입어 부드러운 풍모를 한껏 풍겼다.

부드럽게 달라진 것은 옷만이 아니었다. 한 치의 흐트러짐도 없이 밖으로 말아 올렸던 헤어스타일도 부드럽게 안으로 말려 들어가는 컬을 넣어 한층 자연스러워진 모습이었다. 지난 방한 때는 차갑고 딱딱한 금목걸이를 주로 착용한 반면 이번 방한 때는 알이 큰 진주목걸이를 착용했으며 한국 사람이 가장 좋아하는 색상이라는 흰색 정장을 입었다.

그녀는 때와 장소에 따라 자신을 연출하는 당당하고 멋진 프로 이미지 메이커이다. 그녀는 패션잡지 〈글래머〉가 선정한 '올해의 여성 2008'의 14명에도 포함됐다. 〈글래머〉는 라이스 장관이 "여성 관련 현안을 미국 외교 정책의 주요 이슈로 만드는 데 성공했다"라고 선정 이유를 밝혔다. 힐러리 클린턴 상원의원, 명품 브랜드인 '샤넬'의 최고경영자 모린 치켓, 침팬지 연구로 유명한 제인 구달 박사, 영화배우 니콜 키드먼, 모델 타이라 뱅크스 등도 이름을 올렸다. 2004년 수상자인 왕가리 마타이 등 5명의 여성 노벨평화상 수상자도 '올해의 여성'으로 선정됐다.

— 2008년 11월 12일 〈중앙일보〉 하현옥 기자

화려함과 도전, 신세대 스포츠 스타 미셸 위

TPO에 맞는 자기연출로 이미지 파워를 과시하는 신세대 스포츠 스타는 미셸 위다. 그녀는 도전적으로 보이는 진한 눈 화장을 하고, 어눌해도 한국말을 쓰는 세계적인 스타이다. 20여 명의 미셸 팀이 그림자부대로 그녀의 이미지 관리를 하고 있다.

클라크 케이블, 마릴린 먼로 등 세계적인 스타를 키워낸 회사이며 할리우드의 빅3 홍보회사인 윌리엄 모리스사가 그녀의 매니지먼트를 전담하고 있다. 패션은 안젤리나 졸리, 저스틴 팀버레이크의 이미지 컨설팅을 전담하는 데이빗 리프만이, 모자와 골프채는 나이키, 소니 등이 연간 1,000만 달러 상당의 후원계약을 했다. 그리고 어린 나이에 많은 사람들의 시선과 언론매체에 노출되어 있기 때문에 정서적으로 프로답게 안정감을 유지할 수 있도록 전문 상담사 짐 레이의 심리 상담을 받고 있다.

그녀의 이미지 파워는 사람의 마음을 끌어내는 공감 능력이다. 한국에서는 "족발을 못 먹어서 성적이 제대로 안 나왔나 봐요." 일본에서는 "그늘집에서 먹은 오뎅이 너무 맛있었어요"라고 말을 해 사람들의 사랑을 받는다.

겸손은 사람의 마음을 움직인다, 볼리비아 모랄레스 대통령

나를 낮춰 내 가치를 높이는 것. 볼리비아 모랄레스 대통령의 부조화의 옷차림도 매우 의미 있는 이미지 메이킹이다. 그는 외국 원수를 접견하는 공식석상에 볼리비아 특산물인 알파카 스웨터를 입고 나타났다. 자신이 원주민 출신임을 잊지 않겠다는 정치적 의도를 표출하는 이미지 연출로 많은 나라의 시선을 받은 것이다. 또 알파카 스웨터를 통해 서구 중심의 드레스코드에 대항하며 미국과 신자유주의 정책에 선전포고하는 강경한 반미 외교노선을 암시하기도 했다.

자기 표현력으로 이미지 파워를 과시, 강금실 전 법무장관

사법부 개혁을 추진한 강금실 장관의 강력한 이미지파워는 파격적인 의상 개혁으로도 유명하다. 공식석상에서는 과감한 의상으로 강한 인상을 남기고 비공식석상에서는 우아한 정장으로 세련미를 풍기는 이미지를 연출한다. 서울시장 출마 시에는 파란색과 빨강색의 중간인 퍼플칼라로 부드러움과 냉철한 이미지를 복합적으로 연출했다. 이는 어떠한 어려움에도 대처할 수 있다는 다양한 능력을 가졌음을 나타내는 표시이다.

한국의 대표 알파걸, 나경원 의원

정치 분야의 스타일 아이콘인 나경원 의원도 자신의 스타일을 가꾸기 위해 많은 노력을 하는 사람 중의 한 명이다. 국회의원이기 때문에 지나치게 튀는 의상이나 색깔은 피하지만 기존의 딱딱하고 권위적인 정치인 이미지를 탈피한다. 개성과 열정 그리고 부드럽고 따뜻한 이미지로 국민들에게 다가가기 위해 노력하는 스타일리스트이다. 아름다운 엘리트 여성, 한국의 대표적인 알파걸로서 활동적이고 국민친화적인 이미지로 자신을 연출하고 있다.

그렇다면 우리는 어떤 모습으로 사람들에게 비춰질까? 내 얼굴이 기는 하지만 거울을 통해 잠깐 들여다보는 시간 이외에 대부분의 시간을 다른 사람들이 보고 있다.

당신의 첫인상 이미지는 어떠한가? 다른 사람들에게 어떤 이미지로 보이고 싶은가? 오른쪽에 이를 진단하는 테스트를 실었다. 이 진단표는 사람의 피부 톤을 사계절의 칼라로 나누었다. 사계절만큼 우리 인간이 사는 모습을 잘 대변하는 것은 없기 때문이다. 자신의 이미지가 사계절 칼라 중 어떤 특징을 가지고 있는지를 진단한 후에 강조하고 싶은 부분을 보완하는 셀프 이미지 메이킹 진단지이다.

● 셀프 이미지 메이킹 진단 ●

계절/색깔	특 징	나의 이미지	남이 평가하는 이미지
봄 노랑 분홍 연두	1. 부드럽다		
	2. 귀엽다		
	3. 명랑하다		
	4. 유치하다		
	5. 경솔하다		
여름 빨강 초록 파랑	6. 열정적이다		
	7. 우아하다		
	8. 여성스럽다		
	9. 멍청하다		
	10. 희미하다		
가을 갈색 보라 카키	11. 지적이다		
	12. 겸손하다		
	13. 세련되다		
	14. 우유부단		
	15. 폐쇄적이다		
겨울 흰색 검정 회색	16. 깨끗하다		
	17. 도시적이다		
	18. 완벽하다		
	19.인간미없다		
	20. 냉철하다		

• • •

내 이름을 적은 다음 옆 사람에게 평가지를 돌린다(그룹은 7~10명 정도가 좋다). 평가자의 특징을 5개 체크한다 → 자신의 이름이 돌아왔을 때 내보이고 싶은 이미지를 체크한다 → 표시가 많은 항목이 평소에 상대방이 자신을 평가하는 특징이라고 생각하면 된다 → 스스로가 생각하는 이미지와 비교하여 그 차이를 생각해본다.

• • •

KEY POINT
자신에게 맞는 최상의 이미지

 이미지 메이킹이란 자신의 본질을 바탕으로 상황에 맞는 최상의 이미지를 만들어내는 것이다. 이미지의 어원이 '마음의 모양' 인 것을 생각한다면 이미지란 내면을 가꾸고 다듬는 일이 우선이라는 것을 알 수 있다. 외모는 태어난 것이지만 이미지는 전략적으로 만들어가는 것이다.

1 나만의 스타일 Personal color은 무엇인가?
머리끝에서부터 발끝까지 나만의 스타일을 적어보자.

----

2 모델로 삼고 싶은 스타일이 있는가? 그 이유는 무엇인가?
그 사람처럼 되고 싶으면 구체적으로 어떻게 해야 하는가?

----

3 뜻하지 않게 100만원의 돈이 생겼다.
이 돈으로 명품 가방 하나를 사고 싶은가,
아니면 10만원 짜리 옷 10벌을 사고 싶은가? (선택은 둘 중 하나만).
그 이유는 무엇인가?

----

4 전문성
재능보다는 노력과 연습이 중요하다

한 분야에서 일정한 '경지'에 오르는 것,
자신의 분야에서 '전문가', '달인'이 되는 것,
어느 정도의 재능과 관심이 있어야 한다.
하지만 1만 시간보다 적은 연습으로
진정한 월드 클래스의 전문가가 된 사례는 없다.
— 다니엘 레비틴 (신경과학자)

아무나 월드 클래스가 되지 않는다

성공하는 여성에게 가장 중요한 조건은 전문성이다

오늘날은 한 분야에서 인정받는 전문가가 되어야 한다. 전문성을 가진 여성만이 꿈을 이룰 수 있고 성공으로 향하는 계단을 밟을 수 있다. 치열한 경쟁을 뚫고 아나운서가 되기 위한 지망생들의 과정을 살펴보자.

아―! 아―! 아―!

매일 저녁 7시가 되면 강의실 곳곳에서 아나운서 지망생들의 외침으로 아카데미 전체가 들썩거린다. 복식호흡에 의한 목소리 훈련이 시작되는 것이다. 폐부 깊숙한 곳에서 우러나오는 소리여야 한다. 얕은 감성, 얕은 목소리는 진정성을 담아내기에 부족하다. 나의 소리는 진실한가? 진정한 내 마음의 소리인가?를 늘 되새기면서 매일같이 목소리를 갈고 닦는다. 전문가의 길은 인고의 고통을 감내하는 길이다.

한 분야에서 일정한 경지에 오르는 것. 자신의 분야에서 '전문가', '마스터', '달인'이 되는 것은 어느 정도의 재능도 있어야 하지만 이에 더해 관심도 중요하다. 더욱 중요한 것은 노력과 연습 없이는 절대 불가능하다는 것이다. 그러기에 신경과학자 다니엘 레비틴은 "진정한 대가의 반열에 오르기 위해 필요한 지식을 익히는 데는 뇌를 최소한 1만 시간 정도는 자극해야 한다. 1만 시간보다 적은 연습으로 진정한 월드 클래스의 전문가가 된 사례는 없다"고 지적한다. 1만 시간 이상의 노력, 그것이 전문성을 갖추는 길이다.

모든 사람으로부터 사랑과 신뢰감을 받는 아나운서의 매력은 숨은 노력과 그들만의 높은 전문성을 갖추고 있기 때문이다. 아나운서에게서 요구되는 전문성은 신뢰감, 순발력, 예지력이다. 이것들은 목소리에 의한 발음, 발성 그리고 표정과 자세를 통해 카메라와 마이크에 의해서 표출된다.

미국 경제주간지 〈포브스〉는 2008년 9월 9일 '21세기 최악의 직업'이라는 제목의 기사를 통해 아나운서와 공무원, 컴퓨터 프로그래머, 이코노미스트, 언론인 등을 꼽았다. 이 가운데 가장 충격적인 직업은 아나운서라고 보도했다. 아나운서 전성시대를 이루고 있는 오늘날의 관점에서 볼 때 아나운서라는 직업에 대한 심각한 위기이고 도전이다. 그러므로 언제 어디서나 모든 사람들의 시선과 행동의 기준이 되는 신뢰성, 어떠한 순간에도 재치 있게 대처하는 순발력, 그리고 무엇보다도 시대의 흐름을 앞서 간파하는 예지력을 지녀야 한다. 노력하지 않고 변화하지 않는 전문가는 이 세상 어디에서도 존재할 수 없다.

공룡이 아닌 카멜레온

외국에서는 점차적으로 퇴색되는 단어인 아나운서는 MC, 앵커, DJ, 캐스터, 리포터 등의 일을 하고 있는 사람들을 포괄적으로 나타내는 단어이다. 아나운서는 크게 정보전달의 기능, 교육의 기능 그리고 오락적 기능을 담당한다. 이 중 가장 큰 비중을 차지하고 있는 분야는 정보전달이다. 어느 학생이 "선생님, 아나운서는 왜 웃지 않아요?"라는 질문을 했다. 대답은 간단하다. "정보전달자로서 아나운서가 너무 웃는다면 신뢰감이 갈까?"이다. 과연 아나운서는 너무 많이 웃으면 안 되는 것일까?

여기서 재미있는 이야기 한 토막! 코미디 프로그램 프로듀서가 스텝에게 "방청객 중에 '안우스리'로 보이는 사람들은 동원하지 말게"하고 지시했다. 무슨 뜻일까?

어느 천재 국어학 교수가 논문을 발표하기를 "안우스리라는 어휘는 웃지 않는다는 의미가 아니다. 26세기에 회자되는 '안우스리'라는 말은 25세기에는 '안우서르'로 발견되고, 24세기 문헌에는 '아눈사르'로, 23세기 핸드폰 메시지 주요 어휘에는 '아난우사르'로, 22세기 IBC총회 기록문에는 '아나운시어르'로, 21세기 방송구성 계획지에는 '아나운서'로 쓰여 있다"고 말했다. 그러니 '안우스리'하다는 말은

'아나운서 같다'는 말이다. 즉 너무 고품스러워서 헤프게 웃지 않는다는 의미이다.

웃지 않는 아나운서는 정형화된 품격의 틀에서 변화하지 못한 한 마리의 공룡을 보는 것 같다. 카멜레온처럼 자신의 주변을 밝고 따뜻하게 만들 줄 아는 다재다양한 재능을 지닌 아나운서의 재능과 품격을 역설적으로 풍자한 글이라고 생각한다.

그런데 어느 날 방송에서 얼음공주 노현정이 웃었다. 그것은 엄청난 파격과 일탈이었다. 절대로 방송 중에 웃지 않을 줄 알았는데 노현정의 터져버린 웃음보가 시청자들에게 얼마나 신선한 웃음을 주었는지 모른다. 엄격하고 단아한 자세만 요구되었던 아나운서 강수정이 어느 순간 개그맨보다 더 망가지며 웃기는 바람에 국민들에게 큰 웃음보따리를 안겨주었다. 그들의 인기가 갑자기 치솟아 아나테인먼트라는 새로운 영역을 만들어내기도 했다. 이렇듯이 아나운서는 자신의 위치에서 독특한 색깔과 분위기로 모든 상황을 아우를 줄 아는 유연하고 개성 있는 사람이기도 하다.

"물과 같은 이미지, 물과 같은 목소리로 모든 프로그램에서 모든 사람과 어울릴 수 있는 아나운서가 되겠습니다"라고 말하던 어느 학생의 야심찬 스피치가 생각난다. 공룡으로 화석처럼 굳어지지 않고 카멜레온처럼 환경에 맞추어가는 여성이 전문가가 된다.

KEY POINT
1만 번 연습의 기적

어느 분야에서 전문가, 마스터, 달인이 되는 길은 재능 보다 노력이 중요하다. 가장 중요한 것은 1만 번 이상의 노력과 연습 없이는 절대 불가능하 다는 것!

말을 노래하는 사람이 되어라

가치 있고 의미 있고 아름다운 말을 하기 위해서는 말에 대한 훈련을 해야 한다. 인간만이 유일하게 목소리를 통해서 의사를 전달한다. 인간이 온몸으로 아름다운 소리를 낸다. 그렇다면 좋은 목소리의 비밀은 무엇일까? 말하는 사람의 신체와 공명에 따라 다양하게 나타나는 목소리 중에서도 유독 사람의 마음을 사로잡는 목소리가 있다. 좋은 목소리의 비밀을 아나운서를 통해서 배워보자.

소리는 말하는 사람의 호흡을 타고 입으로 와서 혀의 위치, 입술의 모양, 턱의 개폐도에 따라 발음이 달라진다. 맛깔스럽고 리듬 있게 속도 조절을 하고, 장단음 처리, 단모음과 이중모음의 발음, 원순모음발음, 적절한 포즈(쉼, 공백, 띄어 말하기) 사용, 음 처리의 높고 낮음인 고

저를 적절히 사용해 단정하고 정확한 소리로 전달된다. 아나운서의 전문성을 위해 정확한 발음을 위한 훈련 과정을 연습함으로써 말이 품위 있게 다듬어진다.

그리고 무엇보다도 완전문장 Full sentence을 사용하는 훈련을 해야 한다. 처음에는 좀 딱딱한 느낌이 들지 모르지만 '~다', '~까' 체로 완전하게 문장을 연습하다보면 자연스럽게 구사할 수 있다. 대부분의 사람들은 성급하게 짧은 시간에 이야기를 하기 때문에 보통 조사나 어미를 생략하기 쉽다. 핵심 단어만 알아들으면 될 거라고 생각하지만 말의 영향력과 설득력에서 엄청난 결과의 차이가 나타난다. 그 차이가 바로 품위와 품격, 신뢰감을 주는 차이이다.

목소리에는 한 음절마다 음가가 있다. 그 음가에는 말의 생명이 살아 꿈틀거린다. 말의 속도를 조절하며 음가를 살려내면 말하고자 하는 정보의 생명과 가치를 극대화할 수 있다. 절도 있고 정확한 포즈의 사용은 절제미와 세련미의 극치일 뿐만 아니라 전문성을 한층 더 돋보이게 한다. 또 듣는 사람이 생각하고 이해할 수 있는 시간과 공간을 주기 때문에 여유와 안정감이 있어 보인다.

아나운서의 스피치는 음악이고, 방송국은 뮤직홀과 같은 곳이다.

나는 항상 학생들에게 아나운서는 단순한 정보의 전달자가 아니라 우리말을 노래하는 사람이라고 말한다. 방송은 살아 있는 현장 속의 음악이다. 마치 교향곡의 지휘자 같다. 스포츠중계와 뉴스는 말의 속도와 고저장단, 스타카토가 살아 있는 행진곡이다. MC나 DJ, 나레이션은 사랑을 주제로 감성을 노래하는 발라드와 세레나데와 같다. 마치 시청자들과 사랑을 나누는 마음으로 연인처럼 애인처럼 서로의 감성을 나누는 것이다.

TIPS

사람들의 마음을 사로잡는 효과적인 음성 표현법 9가지

- **발성** : 복식호흡은 흉식호흡보다 30% 이상 많은 폐활량을 확보할 수 있다. 복식호흡을 하면 길고 풍성한 소리를 낸다.
- **발음** : 중성발음, 이중모음, 원순모음, 음운법칙, 조사활동에 따라 정확한 발음을 구사한다.
- **포즈** : 쉼, 끊어 말하기, 숨을 한번 쉬는 온포즈와 숨을 쉬지 않고 문장의 의미를 명확히 하기 위한 반포즈의 적절한 사용은 말을 깔끔하게 만든다.
- **강세** : 중요 단어를 정확히 강조하는 기술이다. 표준음보다 1.5배 크게, 높게, 천천히 표현하면 말이 훨씬 입체적이다.
- **속도** : 쉬운 내용이거나 인텔리 계층에게는 좀 빠르게, 어려운 내용이거나 어린이 하위계층의 사람들에게는 약간 느리게 말한다.
- **억양** : 표준 억양을 사용하며 국제화 시대에 맞는 표준어법에 맞게 표현한다.
- **어조** : 기쁜 어조, 슬픈 어조, 심각한 어조를 적절히 구사한다.
- **고저** : 내용에 따른 음높이를 조절한다.
- **장단음** : 말의 의미가 정확해지고 맛과 멋이 살아난다.

3분 이내에 승부를 걸어라

뉴스가 아주 격이 있는 정장이라면, MC는 풍류와 분위기를 연출하는 캐주얼 정장이나 세미 정장의 느낌으로 표현하고, 나레이션은 도포 자락 휘날리는 한복이나 외형의 미가 물씬 풍기는 연미복으로,

DJ와 스포츠중계 방송은 자유로움 속에서도 철학이 살아 있는 힙합 스타일에 비유한다. 이것이 아나운서 스타일이다. 단정함과 품위가 살아 있는 가운데 자유로움과 개성이 넘쳐나는 품성을 엿보게 할 수 있다.

사람들이 말을 집중해서 들을 수 있는 시간은 3분을 넘지 못한다. 그래서 '3분의 파워'라고 말하는 것이다. 이를 위해서는 3초의 핵심 키워드로 시청자의 눈을 끌어 호기심을 정착시킨 다음 3분 안에 감동 의 메시지로 마음을 사로잡아야 한다.

3초와 3분의 규칙적이고 잔잔한 리듬의 반복이 점차 시간이 지남 에 따라 엄청난 파도의 물결로 퍼져간다. 이러한 감동의 물결로 세계 인들의 가슴을 강타한 오바마의 감동 스피치에 우리는 주목하지 않을 수 없다. "우리는 할 수 있다!" 단호하게 말할 때 반짝반짝 빛나는 눈 동자와 굳게 다문 입술을 보았다. 힘이 있으면서 화려한 언변, 높이 쳐든 손가락, 각진 턱 그리고 가슴을 활짝 내밀며 한 발짝 다가서는 단호하고 엄격한 자세가 우리의 눈을 사로잡는다.

오바마의 연설은 오케스트라의 지휘자와 같다. 잘 짜인 한 편의 교 향곡을 듣는 것 같은 음색의 조화, 고저장단과 음가가 살아 있는 여유 와 감동을 전해준다. 그리고 그 감동의 물결을 파노라마처럼 펼쳐 당 당한 글로벌 리더로서 우뚝 섰다. 오바마는 방송과 영상매체의 속성 과 흐름을 잘 타고, 세계의 물결로 영향력을 극대화시킨 감동 스피치 와 물결리더십의 대가이다.

오바마의 파워스피치와 그의 아내 미셸 오바마의 단아하고 지적인 자세와 매너가 오늘날 다양성의 시대에 새로운 품격의 모델로 주목받고 있다. 너무 앞서지도 않고 너무 소박하여 소극적이지도 않다. 굳게 다문 미셸의 입술은 높은 지성과 절제된 표현의 상징이기도 하다. 흑빛 다이아몬드처럼 깊고 오묘한 매력으로 잘 정제되어 빛나는 보석과 같다.

우리도 오바마처럼 파워 있고 세련되게 말하기, 아나운서처럼 품위 있게 말하기를 연습해보자. 훌륭한 스피치의 조건은 다음과 같다.

살아있는 말이어야 한다 "바다 속을 마음껏 헤엄치는 물고기처럼"

아무리 좋은 문구라 해도 진솔한 마음이나 감정이 담겨 있지 않으면 안 된다.

간결해야 한다 "이 한 문장으로 상대를 감동시킨다는 생각으로"

긴 말은 장황함의 본질이고 짧은 말은 재치의 진수이다. 평소의 언어습관이 장황한 스타일인 경우에는 표현 방법을 간결하게 하기 위한 훈련을 익혀야 한다. 3분 안에 또는 3초의 핵심정리로.

자연스러워야 한다 "진실을 가감 없이 표현해야"

마치 물이 흘러가듯이 편안하고 자연스러워야 한다. 포장된 듯한 말투, 형식적인 내용은 삼가야 한다. 의례적인 말은 이해는 가지만 마음이 안 간다.

내용과 표현이 분명하고 명쾌해야 한다
"더 이상의 설명이 필요 없도록"

장황한 미사여구나 어려운 전문용어의 사용은 말하는 사람 스스로가 그 내용을 완전히 이해하고 있지 못한 듯한 느낌을 준다. 쉽고 명쾌하게 말할 수 있어야 설득력과 감동을 이끌어낸다. 내용과 표현이 명쾌하고 분명하려면 내용 구성이나 표현 방법이 제대로 짜임새가 있어야 한다.

KEY POINT
매력적인 연설가

인간의 말은 단순한 표현 전달 그 이상의 의미가 있다.
그러므로 말을 할 때는 **절제되고 세련된 표현**
으로 자신의 뜻을 확실하게 전달해야 한다. 아나운서의
방송스피치를 연습하면 가장 세련되고 품격 있는 정보
전달자, 나아가 **매력적인 연설가**가 될 수 있다.

말하는 기술보다는 듣는 예술을

세상은 훌륭한 경청자를 더 많이 필요로 한다. 말을 잘하기 위해서는 세상의 모든 소리에 귀를 기울일 줄 알아야 한다. 다양한 사람들의 이야기를 들어줄 수 있어야 한다. 잘 들을 수 있어야 유익하고 가치 있는 말을 할 수 있다. 이것이 소통의 기본 바탕인 쌍방향 커뮤니케이션이다.

사람과 대화를 잘 나누는 방법은 상대의 이야기를 잘 들어주는 것이다. 이것을 '경청'이라고 말한다. 그런데 상대의 이야기를 잘 듣기 위해서는 엄청난 인내를 요구한다. 말을 잘하는 것은 기술일 수 있지만 잘 듣는 것은 예술이다. 말을 잘하는 것은 지식의 영역이고 이야기를 잘 듣는 것은 지혜로움의 영역이다.

우리 모두는 마음속에 잘난 오리 새끼를 한 마리씩 키우고 있다. 상대의 이야기에 반박심리가 작용하면 언제나 마음속에서 꽥! 꽥! 하고 운다. 머릿속에 든 지식이 많거나 어떤 분야에서 나름대로 성공한 사람일수록 오리가 더 크게 울어댄다. 그런 사람은 자신의 이야기를 쏟아내기만 할 뿐 도무지 남의 이야기에 귀를 기울이지 않는다.

성공하기 위해서는 말을 잘 듣는 훈련부터 해야 한다. 품격이 있는 사람은 항상 상대의 마음을 먼저 헤아리고자 한다. 왜냐하면 상대의 이야기를 들어야 그 사람에 대한 정확한 정보와 심리상태를 파악해 정확한 대화를 할 수 있기 때문이다. 상대의 말을 잘 듣는 사람은 말실수가 적고, 항상 신중하고 신뢰감을 주는 대화가 가능하다.

항상 칭찬이라는 마음의 꽃다발을 준비하라

사회적으로 자신의 분야에서 성공한 전문가, 달인, 경지에 오른 사람들의 특징을 보면 일단은 말하는 상대를 인정하며 그의 이야기를 들을 수 있는 자세와 매너를 가졌다. 그래서 상대의 심중을 헤아려 적절하게 질문을 던지는 재치와 대화의 스킬을 가지고 있다.

속도와 리듬을 조절하며 마치 물이 흘러가듯이 자연스러운 이야기의 흐름을 타다보면 어느새 상대는 환한 감동으로 품안에 안겨 있음을 안다. 그것이 품격이다. 그렇게 높은 품격을 가지고 성공한 사람은 주변에 사람들이 많다.

사회적으로 성공을 해도 행복해 보이지 않는 사람은 다른 사람들과의 대화나 행동흐름을 일방적으로 자기 위주로 이끌어가는 권위적인 사람이다. 그래서 다른 사람들로부터 능력은 인정 받을지 모르지만 존경은 받지 못한다.

사람의 이야기를 잘 들어주는 '경청'에도 네 종류가 있다

소극적 경청
듣는 척은 하지만 사실은 마음과 귀를 닫고 전혀 듣지 않는 사람이다. 이런 사람들은 대화를 할 때 항상 마음속에서 교만한 오리가 꽥꽥거리며 울어대고 있다.

적극적 경청
소극적 경청보다 훨씬 더 귀를 열고 듣기는 하지만 완전히 마음을 열고 듣지는 않는다. 유익한 것만 골라 듣거나 상대를 무시하면서 듣는다. 그래서 중간에 엉뚱한 질문을 한다거나, 맞장구나 추임새가 이야기의 흐름과 맞지 않아 맥을 끊어버리기도 한다.

맥락적 경청
가장 바람직한 경청이다. 상대방 이야기의 맥을 놓지 않고 흐름을 잘 파악하여 이야기하는 사람의 내면 심리상태까지 이해하며 듣는다. 적당한 시점에서 의중을 읽는 질문을 던지기도 하고 내용에 포함된 심리상태를 이해하는 감성적인 추임새를 넣어 감동까지 끌어낸다.

이 정도의 경지에서 이야기를 듣는다는 것은 엄청난 인내를 요구한

다. 거의 하느님 앞에 순교하는 마음으로 들어야 한다. 모든 아집을 다 벗어 던지고 오로지 말하는 사람의 입장에서 집중하여 들어야 한다. 이것은 예술적인 경지의 경청이다

황당한 경청

지나치게 오버하며 듣는 경청이다. 이야기를 하는 사람의 말이 끝나기도 전에 "그래 맞아", "그럼 안 되지", "큰일 나지"하면서 한 발짝 앞서 맞장구를 딱딱 쳐준다. 처음에는 이 사람은 정말 이야기를 잘 들어주는 사람이구나, 라고 생각한다. 하지만 너무 쉽게 이야기에 끌려오는 사람을 보면 마치 밑 빠진 독에 물을 붓고 있는 느낌이 든다. 이런 사람과 어떤 일을 도모할 때는 끝까지 확인하고 챙겨야 한다.

너무 쉽게 긍정해주고 동조해주는 사람은 막상 책임 있게 일을 끝내야 할 부분에서는 아무런 내용도 인지하지 못하고 있다. 그렇다면 이야기할 때 황당하게 맞장구를 잘 치는 것은 무슨 심리일까? 경박하고 단세포적인 '참을 수 없는 존재의 가벼움'이다. 이런 사람과 친하게 지내면 자신의 신뢰와 품위까지도 잃어버리기 쉽다.

느낌 그대로 글을 써라

보통 사람들은 말을 잘하는 사람이 글을 잘 쓰기 힘들고, 글을 잘 쓰는 사람이 말을 잘하기 힘들다고 한다. 두 가지 다 잘하기가 힘들다는 말이지만 아나운서는 그 두 가지를 잘해야 한다. 아나운서의 품격을 대변하는 지적 능력 중에서 또 하나 빠뜨릴 수 없는 것이 세련되고 살아 있는 문장력이다. 아나운서는 단순히 말만 잘하는 사람이라고 생각하기 쉽지만 말을 잘한다는 것은 글을 잘 써야만 가능하다. 어떠한 상황에서도 순발력 있게 그 상황을 표현하기 위해서는 사물과 현상을 명쾌하게 집어내야 한다. 시청자들의 시선과 가슴을 사로잡을 수 있는 생생하게 살아 있는 문장력이 바탕이 되어야 한다.

그래서 아나운서 시험 중에 두 번째 단계인 필기시험에서는 이러한 사고력과 지적 능력을 테스트하는 작문시험이 있다. 대부분의 사람들은 작문과 논술을 혼동하기 때문에 글쓰기에 상당히 부담을 느낀다. 논술은 전문지식에 대한 논리적 전개의 형식이지만 작문은 자신의 생각을 형식에 구애됨이 없이 자유롭게 써가는 것이다.

실타래가 풀리기 직전 하얀 백지가 주는 순간적인 막막함과 공포감. 글을 쓰는 사람들은 매순간마다 느끼는 기분이다. 그런데 나는 학생들에게 글쓰기는 지식을 전달하는 논술이 아니라 마치 말하듯이 자유롭게 쓰면 된다고 강조한다. 미사여구나 지식을 넣으려 하지 말고 경험을 넣어라. 평범한 문장으로 경험과 감성을 표현하는 글쓰기여야 한다. 마치 생각과 눈이 카메라가 되어 상황과 사물을 관찰하듯이 사실대로 그 순간을 자신만의 언어로 풀어나가면 된다.

TIPS

가독성을 높여주는 글쓰기의 황금 비율

이해하기 쉬운 글쓰기의 법칙은 의외로 어렵지 않다. 2:1의 법칙을 활용하면 된다. 짧은 문장 2개와 약간 긴 문장 1의 비율이다.

이러한 황금 비율은 읽는 사람의 시선과 호흡을 잘 연결시켜 호기심을 증가시키고 가독성을 지속시킨다. 그리고 얼마나 재미있고 독창적인 상황 설정과 배경 묘사가 전개되느냐에 따라 감동을 주기도 하고 흥미를 잃어버리게도 한다.

살아 있는 느낌을 주는 글쓰기

글쓰기는 읽기에서 나온다

글쓰기는 습관이다. 평소에 관심 분야에 대한 책을 읽으면서 지적 자극과 호기심을 증가시키고 그것을 자신의 말과 용어로 풀어보는 습관을 가져야 한다. 항상 메모하는 습관이 생생하게 살아 있는 표현력의 바탕이 되기 때문이다.

나는 학생들에게 매주 한 권의 전공 관련 서적을 읽게 하고 또 관심 분야와 완전히 반대되는 책을 한 권씩 읽으라는 과제를 준다. 자칫 단순하고 단편적인 지식의 습득에 빠지기 쉬운 아나운서들이 다양한 시각에서 사물을 바라볼 수 있는 입체적인 사고를 갖게 하기 위해서이다. 검은색의 캄캄한 어둠의 의미를 느껴봐야 흰색이 얼마나 밝은지 더 잘 알 수 있다. 그리고 화려한 칼라의 조화를 이해할 수 있다.

글쓰기는 교양의 산물이다

교양은 지식의 축적이 아니라 경험의 축적이다. 호기심에 대한 경험을 얼마나 생활 속에서 잘 실현시켰는가의 문제이다. 이 세상은 보고 경험한 만큼 느끼고 생각할 수 있기 때문이다. 글쓰기는 화려한 수식과 전문지식의 나열이 아니라 경험의 폭을 얼마나 넓혔는가를 글로 표현하는 것이다. 사랑하는 사람에게 이야기를 들려주듯 내용이 살아 있으면서 잔잔한 감동과 정확한 문장 표현 그리고 간단한 구성과 약간의 재미가 있으면 된다.

글쓰기는 사실을 설명할 필요가 없다

글쓰기의 형식은 객관적인 사실의 전달이나 구체적 설명이 아니다. 그냥 은연중에 묻어나오면 된다. 단순한 지식이나 시사적 용어도 대화 중에 자연스럽게 묻어나오는 대화체 형식으로 쓰면 된다. 고사성어, 속담, 명언, 명구, 은유법이나 비유법, 의인법 등을 많이 활용하라. 그래서 언어를 자유롭게 사용할 수 있는 수준이면 좋다.

글쓰기 스타일을 선택하라

글을 쓸 때 기자나 작가처럼 어떤 특정한 방식에 구속될 필요는 없다. 어차피 글쓰기에 훈련된 작가가 아닌 다음에는 주어진 시간에 자신의 생각을 주제에 맞게 정리한다는 것이 결코 쉬운 일이 아니기 때문이다. 편안한 방식에서 부분적으로 모가 난 부분을 조금씩 세련되게 다듬으면 된다. 그래서 좋아하는 방식을 잘 알고 있을 필요가 있다. 독특한 창의력과 구성력이 바탕이 되어 있으면 소설 형식으로 풀어 가도 되고, 차분하고 사색적인 중수필 또는 가벼운 경수필부터 시작해도 좋다. 적절한 방식을 미리 선택해두면 막막함 없이 쉽게 글을 풀어나갈 수 있다.

에피소드 형식을 활용하라

생각과 경험을 잘 살릴 수 있는 에피소드 형식을 활용하면 재미있게 읽을 수 있다. 또 경험과 생각을 무리 없이 잘 표현할 수 있다. 한 개인의 경험은 이 세상의 유일한 사례이기 때문에 신선하고 재미있는 에피소드가 될 수 있다.

글을 잘 써야 말도 잘한다

 말을 잘한다는 것은 글을 잘 써야만 가능하다. 어떠한 상황에서도 **순발력 있게 상황을 표현**하기 위해서 현상을 명쾌하게 집어내야 한다. 사람들의 시선과 가슴을 사로잡을 수 있는 생생하게 **살아 있는 문장력이 바탕**이 되어야 한다.

나는 누구인지 알고 있는가

성공하는 여성에게 전문지식 외에 또 하나 중요한 것은 기본적인 인성이다. 이는 모든 사람에게 적용되는 사항이다. 나는 학생들에게 방송인으로서의 기본적인 인성교육을 매우 강조한다. 아나운서 수업 과정 중에는 기본 과정뿐만 아니라 소양교육과 리더십 과정이 특강으로 배정되어 있다. 세계 속의 당당한 글로벌 리더로서의 아나운서가 되기 위한 국제문화와 리더십, 글로벌매너와 프로토콜, 셀프리더십과 휴먼리더십까지 다양한 인성교육 과정을 진행하고 있다. 성공 이전에 먼저 사람들 사이에서 호감을 주고 사랑받을 수 있는 매너 있고 매력 있는 여성이 되어야 하기 때문이다.

KBS 앵커로 뉴욕특파원을 지냈으며 현재 '글로벌 리더스포럼'을 운영하는 배종호 대표는 전문가로서 성공하기 위한 자세를 이렇게 말한다. 그의 말은 초심을 잃지 않고, 흔들림 없이 언제나 바르게 걸을 수 있도록 도와주는 등불 같은 말들이다.

심력을 키워라

매력 있는 여성은 전인적인 인간이 되어야 한다. 전인적인 인간의 요건 중에 지력知力, 체력體力, 심력心力이 있다. 그중에서 가장 중요한 것이 심력이다. 우리 인생에는 요소요소에 많은 어려움과 고난의 암초가 숨겨져 있다. 이럴 때 심력이 튼튼한 사람은 어려운 위기를 잘 극복할 뿐만 아니라 오히려 역경을 도전의 기회로 활용할 줄 안다.

부정적인 생각은 부정적인 마음을 갖게 하고 부정적인 마음은 부정적인 결과를 만들어낼 뿐이다. 그래서 항상 긍정적인 자아상을 키워야 한다. 심력의 핵심은 나는 누구인가를 아는 것이다. Be Yourself! 너 자신이 되어라. 자신의 정체성과 존재가치를 찾아라.

그런데 너무 어려움을 자주 겪게 되면 심력이 꺾여버린다. 그래서 항상 지켜봐주고 격려해주는 인생의 멘토가 있어야 한다. 전문가가 된다는 것은 끝까지 포기하지 않고 도전하는 길이다. 결코 포기하지 마라. 멘토가 도와줄 것이다.

자신을 아끼는 사람들의 적극적인 멘토링에 의해 합격의 영광을 안은 아나운서, 그리고 아나운서는 감정 조절 능력이 중요하니 눈물을 참아야한다고 조언해 최종 면접 중 북받치는 눈물을 꾹 참고 합격한 아나운서, 방송을 과거의 추억으로만 생각하다 멘토의 적극 권유로 성공한 아나운서, 뒤늦게 자질을 발견하고도 나이로 고민하던 중 멘토의 조언으로 시작해 현재 실력을 인정받고 있는 아나운서, 학벌 고민으로 머뭇거리다 멘토의 지지를 받아 현재 스타방송인으로 활동 중인 방송인, 작은 키로 고민하던 중 멘토의 격려로 멀티방송인으로 성공한 방송인 등등 멘토의 영향력은 깊고 크다.

나도 늘 멘토가 되어주려고 노력한다. 기자가 아닌 아나운서가 되고 싶다며 찾아온 한 아나운서에게는 아나운서의 피로 바꾸라고 조언했다. 긴장감이 지나치게 높던 아나운서에게는 적당한 긴장감은 방송에 좋다고 말해줬다. 말이 느려 고민이던 아나운서에게는 느려도 소신 있게 말하니 긍정적이라며 상황에 맞게 속도를 조절하는 방법을 조언해줬다. 눈이 작아도 할 수 있냐고 묻던 아나운서에게는 아름다운 작은 눈을 가졌으니 충분히 가능하다고 했고, 학벌로 고민하던 아나운서에게는 아나운서는 학벌로 평가하지 않으니 용기를 가지라고 조언해줬다. 이외에도 엄청나게 많은 아나운서들이 한마디의 따스한 말 덕분에 꿈을 이루고 인생역전의 스토리를 만들어 갔다. 떠오르는 신세대 아나운서로 이제는 많은 사랑을 받고 있는 A 아나운서도 멘토의 지지와 격려가 큰 힘이 되었다.

아나운서 지망생들이 가장 좋아하는 선배 중 한 명은 김주하이다. 그녀는 첫눈에 봐도 아나운서이고 누가 봐도 아나운서이다. 언제나 아나운서로서의 품성과 품격을 보여주고 있을 뿐만 아니라 꾸밈없이 맑고 밝은 이미지와 당당한 카리스마로 많은 후배 아나운서들의 귀감이 되고 있다. 김주하 아나운서의 목소리는 중저음의 첼로 소리가 미끄러운 벨벳 위로 흘러내리는 것 같다.

그래서 그런지 학생들이 뉴스를 읽을 때는 무조건 김주하 아나운서의 목소리를 흉내 낸다. 학생들에게 뉴스라고 해서 무조건 중저음으로 내려 깔 필요는 없다고 지적한다. 뉴스가 시청자들로부터 가벼운 느낌이 들지 않도록 목소리에 약간의 무게감만 더 얹었다고 생각하면 된다고 누누이 설명한다. 그래도 마이크 앞에만 앉으면 김주하 아나운서처럼 눈을 크게 뜨고 목소리를 좌악~ 내린다. 마냥 똑같이 따라 하는 것은 좋지 않지만 닮고 싶은 모델을 갖는 것은 중요하다.

성공 훈련을 하는 방법 중의 하나는 역할모델이다. 프랭클린 루스벨트 대통령은 3중장애자인 헬렌 켈러를 인생의 역할모델로 삼았다. 어린 시절을 매우 불우하게 보냈던 빌 클린턴은 케네디 대통령을 모델로 삼아 어려운 성장기를 잘 극복했다. 나는 아나운서 지망생들에게 역할모델을 찾기 위해서는 고전과 위인전기를 많이 읽도록 당부한다.

KEY POINT
긍정의 피

"

부정적인 생각은 부정적인 마음을 갖게 하고 부정적인 마음은 부정적인 결과를 만들어낸다. 그러므로 우리는 항상 긍정적인 자아상을 키워야 한다. 마음의 힘을 키우는 핵심은 나는 누구인가를 아는 것이다.

"

인생의 목표와 계획을 세워라

인생의 목표에는, 달성되는 과정을 볼 때 이상목표, 과정목표, 행동목표 세 종류가 있다. 대부분의 사람들은 이상목표 한 가지만 세워놓고 과정목표와 행동목표를 세우지 않기 때문에 끝까지 목표를 이루지 못하고 좌절해버리는 경우가 많다.

예를 들면 이상목표가 아나운서가 되는 것이라면 어떤 과정을 어떻게 실행해야 하는지에 대한 구체적인 목표가 뒤따라야 한다. 많이 읽고 쓰는 연습을 하는 것은 물론이고 다양한 독서와 경험, 누군가의 지도와 편달을 받으며 또 어떤 아나운서를 역할모델이나 멘토로 삼고 싶은지에 대한 구체적인 과정을 정해야 한다. 과정목표가 정해지면 지금부터 당장 무엇을 해야 하는가에 대한 행동목표가 있어야 한다. 시간관리, 금전관리, 인맥관리 등 구체적인 일상의 행동목표가 빠짐없이 진행되어야 한다.

이렇게 세 가지 목표를 완벽하게 실행하면 누구든지 목표를 이룰 수 있다. 그러면 그 다음에는 어떻게 할 것인가? 무엇이 된다는 목표보다 더 숭고한 '가치의 목표'가 있어야 영원히 성공하는 삶을 살 수 있다. 미국에서 한국의 학생들이 하버드대학에 합격률이 높은 것에 비해 사회 탈락률이 더 높은 이유는, 그들에게는 하버드대학 합격이 최종 목표였지 그 이상의 가치를 실현하고자 하는 삶의 목표가 없었기 때문이다.

그래서 나는 학생들에게 허구적인 자서전을 나름대로 써보라고 한다. 라이프 성장곡선을 그려놓고 기나긴 인생의 마라톤 중 어떤 지점에서 전력투구를 해야 하며 어떤 지점에서 쉬어야 하고 물과 영양분을 섭취해야 하는지, 또 어떤 지점에서 최고의 완성을 이룰지 그 계획을 짜보라고 한다.

이때 중요한 것은 타인과 비교나 경쟁을 하지 않는 것이다. 오로지 자신만을 유일한 경쟁자라고 생각해야 한다. 상대를 이기면 자만심이 생기고 지면 열등감만이 생길 뿐이다. 이기면 이길수록 적만 생긴다. 그렇게 성공하면 할수록 더 많은 적이 생기는 것이다. 그렇지만 오로지 스스로를 이기며 목표를 향하여 이루어갈 때 많은 사람들로부터 박수갈채를 받는다. 그래서 끝까지 박수를 받을 수 있는 전문가가 되기 위해서는 남과 비교 경쟁하지 말고 목표 그 이상의 숭고한 가치목표를 향해 꾸준히 자신을 길을 가야 한다.

분명한 비전을 품어라

비전이 분명할수록 성공 가능성이 높다. 진정으로 매력적인 여성, 전문적인 여성, 성공한 여성, 품격 있는 여성이 되고 싶은가? 그러면 매일같이 품격 있는 자신의 미래상을 마음속에 그려라. 생각만 해도 가슴이 뛴다. 그러면 표정이 바뀌고 행동이 바뀐다. 그러한 반복적인 행동이 성공의 길로 안내할 것이다. 그런데 비전과 야망은 다르다. 개인의 입장에서는 비슷한 것 같지만 결과를 놓고 보면 엄청난 차이가 있다. 나는 야망을 품지 말고 좀더 높은 숭고한 가치를 지닌 비전을 품으라고 말한다.

개인의 야망이나 욕망은 결국 남과 경쟁하게 되고 남을 짓밟고 해치게 된다. 우리는 징기스칸의 야망, 히틀러의 야망, 나폴레옹의 야망이라고 말하지 징기스칸의 비전, 히틀러의 비전, 나폴레옹의 비전이라고 말하지 않는다. 그들의 야망 때문에 얼마나 많은 사람들이 희생되었는지 생각해보라. 사회의 이면에는 시기와 질투, 남을 밟고 일어서려는 그릇된 야망의 스포트라이트가 자리 잡고 있다. 한순간에 무참히 깨어지는 모습도 많이 볼 수 있는 어두운 세계이기도 하다.

비전은 모든 사람을 이롭게 하고 인류를 위한 숭고한 가치를 지닌 목표이다. 마틴 루터 킹 목사의 꿈과 비전, 링컨 대통령의 노예해방, 이것은 개인의 목표가 아니라 하늘로부터 부여 받은 것이다. 많은 사람들에게 꿈과 희망을 주며 많은 사람들과 함께 하는 이상목표였던 것이다. 그렇기 때문에 바른 가치관을 가지고 시작하는 것이 매우 중요하다.

높은 이상을 실현하는 인재가 되라

우리와 늘 함께 하는 주변인들 중에는 우연한 친구와 동지적 친구가 있다. 혈연이나 지연, 학연에 속하는 우연의 친구가 있지만 아나운서가 되기 위해 만난 친구를 비롯해 동호인 모임이나 연구회와 같이 동일한 목적을 지닌 동지적 친구들이 있다. 이곳에서는 추구하고자 하는 목적에 따라 동일한 가치를 지닌 동지적 친구를 많이 만날 수 있다. 동질성을 지닌 집단에서 상호이익을 추구하며 높은 이상을 실현하는 인재가 되어야 한다.

KEY POINT
성공하기 위한 비전

가슴속에 품은 비전은 우리를 성공의 길로 안내한다. 그러나 비전을 야망이나 욕망과 혼동해서는 안 된다. 비전은 숭고하고 행복하고 가치 지향적이지만 야망은 부정적이고 타인을 짓밟는다. 히틀러의 야망을 갖지 말고 링컨의 비전을 가져야 성공할 수 있다.

만약 아나운서가 되고 싶다면 "나는 어떤 아나운서의 길을 가고 싶은가?"라는 질문을 던져보길 권한다. 세계평화에 봉사하고 싶은 홍보대사와 같은 아나운서가 되고 싶다면 모임에서 활동할 것을 권한다. 아나운서로서의 전문성을 높이기 위해서는 음성학회 모임이나 아나운서 동호회 그리고 해외 봉사활동 모임을 통해서 더 높은 가치를 발견할 수 있다.

존 듀이는 인간관계는 상호이익의 관계라고 했다. 산업사회, 지식사회를 지나 오늘날 21세기 창조적 사회에서 요구되는 인재로 성장해야 한다. 인재란 기업과 사회에서 핵심역량을 강하게 해주는 힘을 가진 사람이다. 이러한 인재는 집단과 사회에서 공동의 이익을 창출해내는 휴먼캐피털, 탤런트 매니지먼트, 멀티휴먼 릴레이션십, T자형 인재 등으로 불린다. 서로 연관이 없어 보이는 것에서도 새로운 가치를 찾아내는 하이 컨셉 능력과 낙천주의적 성격으로 자신은 물론이고 주변 사람들까지 즐겁고 유쾌하게 만드는 하이 터치의 감성을 지닌 하이퍼 휴먼을 말한다.

과거에는 IQ(지능지수)가 높은 사람을 인재라고 했다. 그러나 다양성의 가치를 중요시하는 창조적 사회에서는 NQ(관계지수), SQ(사회성지수), EQ(감성지수) 등 모든 사회적 능력을 갖추고 공동사회의 공동가치를 창출하는 사람을 더 값어치 있게 여긴다. 그 사람이 바로 높은 품격을 지닌 사람이다.

IQ, SQ, EQ, NQ는 어떻게 다른가?

- IQ(Intelligence Quotient) 지능지수

  지능검사 결과로 지능의 정도를 총괄하여 나타내는 수치. 다음 식에 의하여 산출된다.

  IQ=(정신연령÷생활연령)×100

- SQ(Social Quotient) 사회성지수

  사회적인 관계에서 얼마나 능력을 잘 발휘하고 적응해 나가는지를 나타내는 지수. 이 지수가 높은 사람이 사회적응력이 높다.

- EQ(Emotional Quotient) 감성지수

  지능지수(IQ)와는 질이 다른 지능으로, 마음의 지능지수라고 한다. 이 지수가 높은 사람이 창조력이 강하다.

- NQ(Network Quotient) 관계지수 혹은 공존지수

NQ의 18가지 계명

김무곤 교수는 NQ의 18가지 계명을 이렇게 나타냈다.

❶ 꺼진 불도 다시 보자. 지금 힘없는 사람이라고 우습게보면 안 된다.

❷ 평소에 잘해라.

❸ 네 밥값은 네가 내고 남의 밥값도 네가 내라.

❹ 고마우면 '고맙다'고, 미안하면 '미안하다'고 큰 소리로 말하라.

❺ 남을 도울 때 화끈하게 도와줘라.

❻ 남의 험담을 하지 마라.

❼ 회사 밖 사람들을 많이 사귀어라.

❽ 불필요한 논쟁을 하지 마라.

❾ 회사 돈이라도 함부로 쓰지 마라 = 사실 모두 다 보고 있다.

❿ 남의 기획을 비판하지 마라 = 당신이 쓴 기획서를 떠올려 보라.

⓫ 가능한 옷을 잘 입어라 = 외모는 생각보다 훨씬 중요하다.

⓬ 조의금은 많이 내라 = 부모를 잃은 사람은 세상에서 가장 가여운 사람이다.

⓭ 수입의 1%는 기부하라 = 마음이 넉넉해지고 얼굴이 핀다.

⓮ 수위 아저씨, 청소부 아주머니에게 잘해라.

⓯ 옛 친구들을 챙겨라.

⓰ 너 자신을 발견하라 = 다른 사람들 생각하느라 자신을 잃어버리지 마라.

⓱ 지금 이 순간을 즐겨라.

⓲ 아내(남편)를 사랑하라.

타고난 한 가지 능력을 개발하라

천재의 비결은 자신의 능력 가운데 최고로 강한 것을 골라 집중 개발하는 것이다.

머리 좋은 사람은 열심히 하는 사람을 못 따라가고 열심히 하는 사람은 즐기는 사람을 못 따라간다고 했다. 즐겨야 미칠 수 있다. 미칠 수 있어야 자신의 경지를 만들 수 있다. 다른 사람과 차별화될 수 있는 경지가 있어야 한다. 그것이 미래이다. 미래가 없으면 그저 다른 사람을 쫓아 따라가는 아류에 지나지 않는다.

잘하면서 좋아하는 것이 있다면 그것을 평생 할 수 있도록 자신만의 무기로 만들어라. 그 무기는 그 일을 깊이 있게 오래도록 잘할 수 있도록 단단한 뿌리를 내려줄 것이다.

음악, 스포츠, 문학, 여행 등 자신의 일에 깊이를 더할 수 있는 특별한 영역을 개발해야 한다. 그 영역은 넓고 다양하게 확대되어야 하지만 한 분야의 깊이를 가지는 제너럴 스페셜리스트 General Specialist로서의 전천후 아나운서가 되어야 한다.

"그럼에도 불구하고"라는 말이 있다. 그럼에도 불구하고 난 방송이 좋다고 말하는 사람은 방송 이면의 어떤 어려운 일도 감내하면서 꿈을 이루어간다. 내가 이런 일을 하려고 그렇게 어려운 언론고시를 준비했단 말인가? 하는 생각이 몇 번씩 내리칠 때도 있다. 마치 벽돌만 나르는 벽돌공의 고단함만 생각하는 것이 아니라 나는 하느님을 모시는 거대한 성당을 짓는다는 숭고한 가치를 지닌 마음을 갖는다면 벽돌을 나르는 수고와 땀방울은 즐겁고 행복한 노동이 될 수 있다.

이러한 마음을 가질 때 모든 사람들에게 최선의 것을 줄 수 있다. 미국 최고의 명문사학인 필립스 아카데미의 건학이념은 'Not for self', 즉 '자신만을 위하지 마라' 이다. 적어도 일주일에 3시간씩 지역 사회 봉사를 하거나 학비 벌기를 해야 한다. 그래서 나 아닌 다른 사람에 대한 봉사의 의무를 실천할 수 있도록 교육하고 있다.

스스로 반짝이는 사람이 사회의 등불이 될 수 있다

자신의 성공만을 위해서가 아니라 사회의 등불과 같은 리더가 되라. 리더는 주는 사람이자 섬기는 사람이다. 모든 인간들에 대해서 아낌없이 최선의 것을 나누어줄 수 있는 인성과 품성을 가져야만 만인의 등불로서 존재가치를 더 넓힐 수 있고 영향력을 펼쳐갈 수 있다.

리더는 언제나 진실 앞에 용감할 수 있는 용기를 가져야 한다. 어떤 권위나 특정 가치에 편승하지 않고 언제나 유쾌하고 늘 진지하게 말하는 여유를 가지며 맑고 깨끗한 심장을 가져야 한다. 광기어린 열정, 언제나 흐트러짐 없이 그 자리를 지키는 높은 도덕적 품격이 이 시대의 많은 사람들을 매료시키고 있다.

1 어느 분야의 전문가가 되고 싶은가? 그 이유는 무엇인가?
또 나 자신만의 전문성을 기르기 위해서 나는 지금 당장 무슨 일을 해야 하는가?

_____

_____

_____

_____

2 '나의 꿈'이라는 주제를 가지고 '2:1의 법칙'을 이용해 1,000자 정도의 글을 써보라.

_____

_____

_____

_____

3 NQ와 SQ를 기르기 위해 어떻게 하면 좋을까?
관련 책을 읽어보고 그 과정을 요약하라.

_____

_____

_____

_____

5 자존심
여자답게 일하고
여자답게 승리하라

혼들리지 않는다.
어떤 난관도 초연함을 잃지 않는다.
길 위의 콰트로처럼,
처한 상황에 따라 가진 힘을 나눌 줄 알기에
어떤 길도 두렵지 않다.
뒤에 서지 않겠다. 따라가지 않겠다.
아무도 가지 않은 길을 가겠다.
—아우디 인생관 Audi Prestige

누구나 눈물을 흘린다

당신은 언제 가장 슬픈 눈물을 흘렸는가?

전세계의 경제가 디플레이션의 슬프고 암울한 터널을 지나가고 있다. 9회 말 경기 중 이제 1회 초의 경기라고 한다. 고개 숙인 남자, 처진 어깨, 온 세상이 시리도록 춥고 아픈 겨울을 맞이하고 있다. 말없이 눈물을 삼키는 88만원 세대의 슬픈 얼굴들. 멀리서 보면 마냥 푸르게만 보이는 잔디도 가까이에서 보면 웅덩이도 있고 벌레도 있고 잡초도 많다.

지금까지 멀리서만 바라본 아나운서의 품격은 마냥 푸르고 화려하게만 보였을지 모른다. 푸른 풀잎에 여린 칼날이 있어 손을 베이듯이 아나운서의 세계에서도 눈물과 애환이 있고 서러움과 아픔이 있다.

그동안 많은 후배 아나운서를 배출했지만 그들이 앞으로 세상의 주목을 한눈에 받는 아나운서의 길을 초연히 가기 위해서는 화려함 그 이면의 어둡고 고독한 길도 있다는 것을 알아야 한다.

오늘날 성공과 실패의 잣대는 여러 가지가 있지만 그중 하나는 얼마나 많은 사람들의 시선과 주목을 받고 사느냐이다. 성공한 사람의 주변에는 많은 사람들이 몰리고 그에게 흠모의 시선을 보낸다. 아나운서도 그렇다. 아나운서는 방송 시스템 속에서 많은 사람들의 시선을 받으며 우아하고 도도하게 살아가는 것처럼 보인다. 이 세상을 살아가며 그들이 얻을 수 있는 부가가치는 열심히 땀 흘려서 살아가는 사람들에 비해 엄청나게 커 보이기도 한다. 거기에다 세상 사람들이 누리고 싶은 품격과 지성의 잣대가 된다. 어찌 아나운서가 매력적인 직업이 아니라고 할 수 있겠는가?

학생들에게 "만약 아나운서가 되지 못한다면 어떤 일을 하고 싶은가?"라고 물으면 대부분의 학생들은 "저는 아나운서만큼 이 세상에서 매력 있는 직업은 없다고 생각합니다. 저는 꼭 아나운서가 되고 싶습니다"라고 대답한다. 그들에게는 세상의 주목과 시선을 받는 아나운서가 만인의 로망이고 주체적인 삶의 아이콘이다.

누가 아나운서를 21세기 신데렐라라고 말했던가. 나의 남편은 재벌 2세도 아니고 화려한 연예인도 아니고 돈 많은 기업가도 아니다. 사랑 하나를 믿고 그 순수한 매력에 반해서 지금까지도 사랑을 베풀며 가족들의 아픔과 슬픔을 함께 아우를 줄 아는 감성 깊은 남자이다. 나는 사랑하는 가족이 나를 절실하게 필요로 할 때 또 가족이 내 인생에서 가장 중요하다고 생각하는 시기에 그들의 품으로 돌아갔다.

그렇게 나도 사람들의 시선 바깥으로 조용히 사라졌다. 그렇지만 절대 불행하거나 성공하지 못한 인생이라고 한 번도 생각한 적이 없다. 아나운서 생활 20년을 보내고 자부심과 사명감으로 후배 양성을 시작한 지 어언 10년이 다가온다. 그 30여 년 동안 언제 내가 가장 기뻤으며 언제 가장 슬픈 눈물을 흘렸던가?

KBS 공채 12기 아나운서로 시작해 강원권 아나운서로 활동했던 나의 방송인 생활은 그야말로 많이 사람들이 잘 차려놓은 밥상에서 맛있게 먹기만 했던 것 같다. 마냥 행복했고 마냥 즐거웠다. 많은 사람들이 나의 방송을 즐거워했고 또 많은 사람들에게 감동도 주었다. 그렇지만 지금의 생활은 그때와는 완전히 다르다. 후배를 가르친다는 교육적 사명감으로 시작을 했지만, 이제는 한 사람의 기업인이고 사회는 내게 경영주의 마인드를 요구하고 있었다.

나는 아나운서로서 생활했던 성공과 실패를 교훈 삼아 후배들은 그런 전철을 밟지 않고 아나운서 본연의 임무로 꽃을 활짝 피울 수 있도록 멘토와 코치의 역할을 해주고 싶었다. 초반 무렵, 제자들을 만나러가는 길 위의 쏟아지는 햇빛이 너무나 눈부시고 무척이나 행복했다. 나는 이 행복을 안겨준 제자들을 위해 나의 모든 것을 다 주리라 다짐했다. 그리고 도저히 믿을 수 없는 기적적인 합격, 매년 매월 쏟아져 나오는 크고 작은 합격 소식들. 2006 KBS, 2007 MBC, 2007 SBS, 2008 KBS까지, 한 명만 합격시켜도 대박이라는 대형방송사에 '신입 아나운서 전원 합격의 돌풍'이라는 믿지 못할 상황이 계속해서 전해졌다. 최근 5~6년간 대형 방송 3사에 42명의 아나운서를 최다 합격시키는 기록을 거듭하면서 수많은 학생들이 몰려오고 연일 매스컴의 화젯거리가 되었다. 또다시 나에게 많은 시선이 주목된 것이다.

그렇지만 사회는 승리자에게, 정상의 자리에 갓 오른 전직 아나운서에게 그렇게 너그럽고 수용적이지 못했다. 바닥부터 시작해 인생의 참의미를 깨달아가며 후배 방송인 교육을 위해 인생의 후반부를 바치겠노라 다짐하고 있는 시간 동안 밖에서는 수많은 억측과 악성 루머들이 난무하기 시작했다. 정말 실력으로 합격했을까? 아마 비리가 있을 것이다, 돈 받고 방송사에 추천을 해 준다더라, 방송계에 아는 사람이 많다더라, 로비에 능하다던데? 등등의 엄청난 시기와 음모, 질시를 받았고 믿을 수 없이 기적적인 성과만큼이나 혹독하게 뼈아픈 대가를 톡톡히 치러야 했다. 그리고 운영의 기초도 모른 채 시작한 나는 강사관리와 직원관리, 경영관리에서 많은 시행착오와 실패를 겪기도 했다.

그리하여 나는 어떤 유형의 리더인가에 대해 공부를 했다. 사람을 9가지 유형으로 나누어 인간의 감정이나 행동의 원천이 되는 본질을 이해하는 애니어그램 성격진단이 있다. 나는 애니어그램 성격진단에서 7번째인 낙천주의자, 싸움을 싫어하는 스타일이다. 경쟁을 피해 다니는 그런 성격이라는 것이다. 나는 나 자신이 떳떳하기 때문에 하나도 두렵지 않다고 생각했다. 그래서 외부의 악성루머에 어떤 대꾸나 대응도 하지 않고 오로지 후배 아나운서를 양성하는 교육자로서의 꿈만 키워갔다.

연예인도 유명인도 아닌 내가 인터넷에 실린 엄청난 악플과 비방 댓글들을 보는 것은 괴로운 일이었다. 한때는 너무 엉뚱하고 터무니없는 악플로 엄청난 이미지 손상을 입기도 했다. 정말 도저히 참을 수 없어 사이버 수사대에 의뢰하여 범인을 잡았다. 너무 많은 가슴의 상처와 피해를 입었기 때문에 이미지 회복을 하고 싶었다. 무엇보다도 터무니없는 비방이나 음해가 없어야 한다는 생각이 강해 처벌을 요청했다. 하지만 그 범인을 처벌하기 위해서는 증인이 있어야 하고, 사랑하는 제자들을 증인대에 세워야 한다는 아픔이 있었다.

그건 아나운서 전체의 얼굴에 침을 뱉는 격이나 마찬가지였다. 나는 결국 속으로 가슴앓이만 해야 했다. 그 아픔과 시련을 참고 견디면서 얼마나 많은 눈물을 흘렸는지 모른다. 그 슬픔으로 인한 눈물은 정말 뼛속 깊은 곳에서 흘러내리는 것이었다.

힘의 논리로 따지면 인간은 맹수를 따라갈 수 없다. 그러나 맹수를 지배하는 것은 사람이다. 인간은 생각을 하기 때문이다. 사려 깊게 이치를 따지고 본능이 아닌 이성에 따라 행동하기 때문이다. 나는 누구인가? 나의 정체성은 무엇인가? 내가 누구를 용서하고 배려할 만큼 힘이 있는 사람인가? 나를 지킬 수 있는 자존심이 있는 사람인가? 끝없이 스스로에게 질문해본다. 나약한 자의 관용은 비굴이고 안이한 현실타협이다.

용서도 힘이 있어야 한다. 상처를 입은 나는 책을 통해서 위로받고 싶었다. 더 큰 어려움을 이긴 위인들과 선각자들의 지혜를 빌리고 싶었다. 그때 막시무스의 책 〈지구에서 인간이 유쾌하게 사는 법〉의 이야기들이 큰 도움이 되었다.

적에 대한 평가

적들은 한순간도 긴장을 놓치지 않게 자극하는 존재이며 내 인생을 망가뜨리지 않는 조언자들이다. 나를 더 강하게 해주는 에너지원이요, 내 인생의 도우미다. 나는 그 적들에게 감사해야 한다. 그들이 하는 험담이나 비난에 대해 변명하지 마라. 그것은 어쩌면 내 모습의 일부인지도 모른다. 그래서 나는 그들을 비난하지 않기로 했다. 비난에 대해서 괴로워하지 않고 남들이 나에게 주는 선물이라고 생각하자.

하지만 그 선물을 받지 않으면 된다. 그 선물을 상대방이 받지 않으면 비난한 사람의 것이 된다. 자기가 한 욕설은 결국은 자기 것이 되고 만다. 그런 지혜를 발휘하고 나니 얼마나 마음이 편해졌는지 모른다. 나는 그런 사람들을 상대로 싸우기 싫었다. 그렇지만 어려운 일을 당했을 때는 뭔가 해결의 물꼬를 터야 하지 않겠는가? 그래서 새로운 용기가 있어야 한다. 그래 용서하자. 그리고 그들에게 하나 더 주자.

남을 배려하는 마음

승강장에서 신발을 한 짝 떨어뜨렸다. 이미 떠나버린 차, 놓친 한 짝의 신발은 내 것이 될 수 없다. 그럴 바엔 차라리 나머지 한 짝을 더 던져버리자. 그래야 누군가가 한 벌의 신발을 완전하게 신을 수 있지 않겠는가? 이것이 배려이다. 이미 입은 명예나 이미지의 훼손을 되찾을 길은 없다. 불명예를 벗자고 제자들을 증인대에 세울 수 없고, 미움은 더 많은 상처를 주기 때문에 당장 손해를 입더라도 처음부터 없었던 것으로 생각하고 잊어버리자. 그 앞부분을 칼로 뚝 잘라내 버리면 그만이다. 난 착한 여자는 아니다. 하지만 나만의 주체적인 색깔 있는 여자이고 싶다. 가장 큰 도전은 자신을 이기는 것이다.

나는 '배려'의 진정한 의미에 감동했다. 사람들이 성자와 현자들의 말에 많은 감동을 받는 이유는 이미 성자가 내면에 들어 있기 때문이라고 한다. 내 마음속에 성자가 있음을 믿고 나는 눈물을 꿀꺽 삼키면서 모든 것을 털어버리려 했다. 입술은 꾹 다물었는데 그래도 눈에서는 눈물이 흘렀다. 진짜 뜨거운 눈물은 타인의 가시 돋은 시선 때문이 아니라 사랑하는 사람들이 주는 아픔이 클 때 흐르는 눈물이다.

타잔은 가장 높이 오를 때 밧줄을 놓는다

나는 방송인이고 아나운서였지만 이제는 '아나운서가 꿈꾸는 세상'을 만들어 갈 후배 아나운서들을 양성하고 있다. 정상에서의 밧줄을 놓아야 한다. 그래야만 또 다른 정상의 꼭대기로 향할 수 있다.

얼마나 할 일이 많은가? 권력과 세상의 관심에서 소외된 많은 사람들을 세상의 관심과 시선 속으로 끌어내야 하는 것도 우리가 해야 할 일이다. 그들과 함께 이 세상에서 행복하게 더불어 살아가는 분위기를 만들어야 하는 사명감도 있다. 이런 것들이 이 사회에 아무런 거부감 없이 받아들여질 수 있어야 한다.

썩은 나무에 조각을 할 수 없고 금이 간 그릇에 물을 담을 수 없다. 맑고 밝은 눈으로 어느 부분이 썩어 있는지 볼 수 있어야 하고 행복을 주는 말과 따뜻한 마음으로 금이 간 조각을 붙일 수 있어야 한다.

긍정적 바이러스를 퍼트려라

우리가 사는 사회는 웃지못할 코미디 같은 일들이 참 많이 일어난다. 얼마 전 한여름인데도 전국을 뜨겁게 달구었던 한 시위에 대해 생각해본다. 시위에 참석한 사람들은 나름대로 의식과 생각을 가지고 국민의 한 사람으로서 정당하고 용기 있게 자신의 목소리를 낸다고 할 수 있다. 그렇지만 결론은 방송사의 책임으로 종결되는 것을 보았다. 너무 허탈하고 답답한 마음을 어찌할 수 없다.

군중심리라는 것이 있다. 개개인을 놓고 보면 내가 왜 이것을 해야 하는지 정확한 생각과 판단 없이 그냥 남들이 하니까 뭔가 참여해보고 싶은 심리에 의해서 참석한 사람들이 많이 있으리라 생각한다. 방송인의 한 사람으로 이러한 사회적 시스템에 회의를 품지 않을 수 없다. 이런 모든 것은 '말'에 의해서 비롯된다. 생각의 전달, 생각의 확인, 생각의 표현, 이 모든 것들이 '말'에 의해서 비롯되기 때문에 그 말의 사회적 책임을 통감하지 않을 수 없다. 말은 곧 행동이다. 이 사회의 모든 사람들이 어떤 말을 사용하느냐에 따라서 당대 사회의 정서와 분위기를 알 수 있다.

성공하는 여성들은 사회를 행복하고 평화롭게 만드는 말을 많이 사용해야 한다. 부화뇌동하지 않고 무모한 열정이나 비난, 상대방에 대한 해부를 해서는 안 된다. 자기철학을 사회에 심어주고 따뜻하고 희망과 용기를 주는 말로 온 사회가 그런 행동을 할 수 있도록 역할모델이 되어야 한다.

늦가을의 깊은 정취와 함께 마음이 적적하게 젖어오는 밤, 아나운서의 꿈을 키우기 위해 모여 있는 학생들에게 뜬금없는 질문을 던져본다.

"여러분들은 아나운서가 어떤 존재라고 생각하는가?"

방송 프로그램의 최종 전달자,

단아하고 단정한 품격을 가진 사람,

이 사회의 등불.

학생들은 수업시간에 배운 모범답안을 말한다. "아니, 그런 사실적인 것 말고 뭔가 가슴에 찡하게 전해줄 수 있는 비유와 은유적인 표현은 없을까? 예를 들면 요즘 한창 세계의 주목을 끌고 있는 오바마의 감동이나 한비야의 열정을 느낄 수 있는 그런 것 말이야."

'베토벤 바이러스, 아나운서 바이러스'

"클래식하면 우리는 보통 어렵고 딱딱한 음악이고 대중적이지 못하다고 생각하잖아요. 그렇지만 그 드라마는 딱딱하고 재미없는 클래식을 일반인들이 재미있고 푸근하게 다가갈 수 있는 그런 음악으로 풀어줬어요. 베토벤 바이러스가 우리 생활 속에서 잔잔하게 감동을 주며 스며들었듯이 우리 아나운서도 일상에서 삶의 잔잔한 행복과 감동을 전해줄 수 있는 아나운서 바이러스를 퍼트리는 사람이 되었으면 좋겠어요."

그렇다. 자신만의 바이러스를 퍼트려야 한다. 비난이 아니라 칭찬과 격려, 용기와 행복한 삶의 긍정적인 바이러스를 퍼트릴 수 있는 사람들로 인해서 세상은 더 밝아질 수 있다.

또 어떤 학생은 안개꽃에 비유했다.

"안개꽃은 그 자체만으로도 은은하고 아름답지만 장미꽃이나 국화꽃에 더해지면서 더욱더 신비롭고 우아함을 받쳐주는 힘이 있잖아요. 아나운서가 그런 역할을 했으면 좋겠어요. 선각자, 정신적 지도자, 리더들의 정신과 혼이 담긴 어휘들을 방송이라는 매체를 통해서 더욱 빛나게 하고 그 말이 우리 사회의 행복바이러스가 되어 이 사회의 윤활유, 지렛대 역할을 했으면 좋겠습니다."

이런 이야기를 주고받는 학생들은 두 볼이 상기되어 서로에게 감동의 바이러스를 전파한다. 반복되는 연습과 훈련, 가야 할 길이 멀게만 느껴지는 피로와 스트레스 속에서 뭔가 가슴 벅찬 미래의 큰 그림을 보고 희망으로 환해지는 모습을 볼 수 있었다.

당신이 되고 싶은 것은 무엇에 비유할 수 있는가? 당신도 질문을 던지고 답해보라. 그것의 의미를 되새겨보고 마음에 품는 것은 아주 중요한 일이다.

긍정적인 역할모델

 품격 있는 여성은 사회를 행복하고 평화롭게 만드는 말을 많이 사용해야 한다. 무모한 열정이나 비난, 상대방에 대한 맹목적인 비판을 해서는 안 된다. 자기철학을 사회에 심어주고 따뜻하고 희망과 용기를 주는 말로 온 사회가 그런 행동이 유발될 수 있도록 역할모델이 되어야 한다.

긍정적 바이러스를 퍼트리는
6가지 성공 법칙

재즈처럼 쿨하게 세상을 보라

감성은 때로는 사실과 다를 때가 있다. 그러다 보니 다른 사람의 입장에서 객관성을 유지하는 것이 부족한 경우가 있다. 객관성의 유지는 아나운서의 생명이다. 하지만 아나운서도 사람인지라 이익과 현실 문제에서는 다소 원색적이고 이기적인 카드를 내보이기도 한다. 이것이 여자 아나운서들이 끝까지 성공하는 방송인으로 살아남지 못하는 가장 큰 원인 중의 하나이다. 깊이가 없는 원색적인 사람은 많은 사람들의 신뢰를 받기 힘들다. 그래서 자신만의 내공 있는 영혼을 살찌우라고 말하고 싶다.

자신의 삶에 무게중심을 두고 뭔가로 촉촉이 젖을 수 있는 자신만의 공간이 있어야 한다. 자신만을 위한 밀실, 공간, 이런 것들은 자기를 객관적으로 되돌아보고 평가하고 재무장할 수 있는 아주 좋은 공간이다. 이 세상 모두 다 옳고 그르고 시시비비를 가려가면서 살기는 어렵다. 쿨하고 냉철하게 인생의 한 페이지를 넘길 수 있는 그런 내공이 있어야 이 힘든 세상을 멋진 세상으로 만들 수 있다.

인생의 시간을 지배하라

매일매일 다시 태어나라. 매순간에 집중하라. 매순간 관리되지 않으면 하찮은 것들에 의해서 중요한 것들이 지배를 당하는 경우도 있다. 삶의 정신과 본질이 중요하다고 하지만 때로는 형식이 내용을 지배하기도 한다.

그리고 모든 우주의 자전과 공전의 축을 나를 중심으로 돌려놓아라. 내가 행하고 내가 축복받고 내가 비난받을 것에 대한 중심축을 나에게로 방향을 맞춰놓아라. 그래야 모든 것을 용서하고 배려하고 책임질 수 있다. 내가 주도적일 수 있어야 내가 책임질 수 있다. 결과의 크기가 비록 작을지라도 최선을 다했으므로 과정 속에서 행복할 수 있다.

'내 삶의 결정의 순간(MOT : Moment of Truth)', 스페인의 투우사가 삶과 죽음의 문턱에서 선택할 수 있는 결정의 시간은 15초라고 한 데서 유래한 말이다. 그 짧은 순간에 가장 진실한 결정을 내릴 수 있어야 한다. 그러한 완벽한 매순간이 모여서 경쟁력 있는 시간을 만든다.

매일(Daily) MOT

매일 빠짐없이 반복적으로 해야 할 것을 충실히 하라. 예를 들면 건강관리를 위해 매일 비타민 먹기, 생수 마시기, 아침의 5분 명상시간 갖기, 남편과 아이들에게 하루에 한번씩 아이컨텍 eye contact하기, 홈페이지 점검, 각 파트별 업무점검 및 동료들과의 만남, 친구와의 대화, 이처럼 사소한 것들이라도 습관화되어 있으면 미래의 성공적인 삶을 위한 너무도 귀한 저축의 순간이다.

주(Week) MOT

짜임새 있게 성공하는 사람들을 보면 주 단위의 관리가 가장 철저하다. 효율적이고 생산적이며 권태롭지 않게 삶을 설계하는 가장 기초단위라고 할 수 있다. 주 1회 전체 미팅, 대학 강의, 강사 롤 플레이, 업무제휴 점검, 매주 책 한 권 읽기, 외식 및 사랑하는 사람과 의미 있는 하루 만들기, 운동하기, 요일별 테마 메일 확인하기 등등 중복되지 않고 바쁘지도 않으면서 빠짐없이 자신을 관리할 수 있는 가장 효율적인 시간단위이다.

월(Month) MOT

능력을 업그레이드시키고 확인하며, 정보 교환 등 의미 있는 관리로는 월 단위의 사이클이 가장 좋다. 무시할 수 없는 인간관계들이나 사회적으로 의미 있는 일들은 월 단위로 점검할 필요가 있다. 매월 1회 동료 또는 선후배들과 식사하기, 부모와 형제, 가까운 지인 방문하기, 친구들 모임이나 동호회 참여 등 삶의 객관적인 시야를 갖게 하고 좋은 인적 네트워크를 위한 관계의 유지이다.

연(Year) MOT

삶의 지배가치와 핵심가치에 의해 결정된 비전과 미션에 따른 인생 목표 관리, 내 인생의 나침반은 연 단위로 되돌아본다. 삶을 어떻게 가꾸어가며 살고 싶은가? 나는 어떤 사람으로, 나에게 주어진 소중한 삶을 살고 싶은가? 내가 하고 싶은 것, 내가 살고 싶은 것, 그것은 나의 삶의 방향이고 목표이고 그리고 내가 존재하는 이유인 것이다.

나는 학생들에게 반드시 목표를 확실하게 세우라고 말한다. 이상목표, 과정목표, 행동목표를 세우고 그 목표를 달성하기 위한 월 단위, 주 단위 그리고 매일매일 실천해야 할 사항들을 다이어리에 적어서 점검하라고 한다. 그리고 전문가로서 지속적인 자기 계발을 위해 매주 한 권씩 스피치와 방송 관련 전문서적을 읽게 하고 매월 한 권씩 교양과 상식을 넓힐 수 있는 전공 외의 책을 읽고 발표하게 한다.

희망의 꽃봉오리가 되라

실패하는 사람들은 실패하는 원인에 대해 너무나 치밀하게 변명을 가지고 있다. 실패를 두려워하지 말고 긍정적인 면을 바라보면 문제의 해결점이 너무 쉽게 나타난다. 부정적인 껍데기를 부수어라. 그리고 실패와 친구가 되어라. 절대 포기하지 마라. 어떤 여성들은 주위 사람이나 선배들에게 의존해서 일을 처리하기 때문에 실패에 과감하게 도전하는 용기가 부족하다. 또 실패한 경험을 툭툭 털고 일어나는 근성도 부족하다. 모든 일에는 성공과 실패의 두 친구가 나란히 존재한다는 것을 두려워하지 마라. 언젠가는 실패를 극복하고 성공하는 여성이 될 수 있다. 행복바이러스를 전파하는 만인의 희망의 꽃봉오리가 되어야 한다.

넝쿨을 보지 말고 길을 보라

어쩌면 우리네 인생은 얽히고설킨 넝쿨을 헤집고 가야 하는 미로일지도 모른다. 그렇지만 넝쿨 속에 갇혀 헤매서는 안 된다. 가슴을 쭉펴서 그 앞의 크고 넓은 길을 바라보면서 가야 한다. 작고 하찮은 문제들 속에서 본질을 잃지 말아야 한다는 의미다.

잔기술로 승부하지 말고 내용으로 승부하라. 핵심을 볼 줄 아는 눈이 필요하다. 긴 말은 장황함의 본질이고 짧은 말은 재치의 진수다. 짧은 시간에 핵심과 본질을 놓치지 않는 순발력 있는 사람이 되어야한다. 이를 위해서는 군더더기 없는 정확한 자기표현 기법인 SMART기법을 익히면 된다. 이는 기업에서 프로젝트의 기획으로도 많이 활용하는 기준이다.

TIPS

정확하게 자기를 표현하는 SMART기법

- **S**(Specific) 두루뭉수리하고 애매한 표현이 아니라 구체적이고 확실한 표현을 한다.
- **M**(Measurable) 측정 가능한 숫자와 명쾌한 단어로 표현한다.
- **A**(Attainable) 현실적으로 실천, 도달 가능한 이야기를 해야 한다.
- **R**(Reality) 모든 사람들이 긍정하고 인정할 수 있어야 한다.
- **T**(Timely) 타이밍을 맞출 줄 아는 말과 행동이 존재가치가 더 높다

이러한 5가지 관점에서 문제를 바라보고 해결할 수 있는 의식이 있다면 사소한 것도 놓치지 않고 진실한 내용으로 실속 있게 승부할 수 있다.

사랑과 관심의 정치력

우리는 보통 '정치적이다'라고 하면 실력보다는 권모술수가 뛰어나 비열하고 야비한 꼼수로만 생각한다. 그러나 정치적이라는 말은 자신의 생각과 의견을 전략적으로 펼쳐 문제를 해결해나가는 능력을 말한다. 누가 나에게 도움을 줄 수 있으며 누가 나에게 불리한 조건을 제시하고 어떤 어려움과 난관이 있을 것인가에 대한 사전 탐색과 준비를 하는 능력이다.

정치력은 빠른 두뇌회전과 전략적 마인드가 있어야 한다. 자질과 능력이 있는 여성들이 크게 성공하지 못하는 이유는 이런 정치력이 부족하기 때문이다. 정치력을 넓히기 위해서는 네 가지 사항을 훈련

하면 된다.

- 직관력 : 눈에 보이지 않는 이면의 것을 읽어낼 수 있는 능력이
  있어야 한다.
- 통찰력 : 사물을 넓게 보고 폭넓게 대화하며, 상대의 입장에서
  사물과 문제를 바라보고 다양한 해결방법을 개발할 수 있는 능
  력이다.
- 사전포석 : 현실적인 사고에 입각해 연합세력을 확보하고 변화
  의 세력을 주도하며, 실력자의 지지를 이끌어내고 자신에게 유
  리한 방향으로 상황을 유도할 수 있는 능력이다.
- 공감력 : 파워는 존재하는 것이 아니라 느끼게 하는 것이다. 이
  것이 공감력이다.

짜릿한 선의의 경쟁을 즐겨라

남과 경쟁하기를 두려워하는 사람은 뭔가 부족함을 느끼기 때문이
다. 매순간을 피하지 말고 멋지게 한판승부할 수 있는 자신감과 배짱
이 있어야 한다.

정보력 싸움에서 이겨야 한다

정보의 네트워크를 폭넓게 활용하는 것이 필요하다. 좋아하는 사람
하고만 대화를 하면 정보의 한계가 있다. 이 사람은 이래서 싫고, 저
사람은 저래서 싫다고 하면 같이 대화할 사람은 아무도 없다.

나비처럼 날아서 벌처럼 쏴라

이는 완벽한 준비에서 나온다. 준비한 만큼 가볍다. 가벼울 수 있어야 장악할 수 있다. 충분한 정보와 사전준비로 정확한 핵심을 벌처럼 쏠 수 있다면 언제나 선의의 경쟁에서 짜릿하게 이길 수 있다.

21세기의 경쟁력은 탁월한 유머감각이다

긍정적이면서 상대방의 장점을 인정하는 멋진 finish blow, 순발력, 탁월한 유머는 모든 조건을 나에게 유리한 방향으로 무장 해제시키는 효과가 있다.

성공과 실패에 대한 균형 감각을 잃지 마라

승패를 떠나서 선의의 경쟁은 과정 자체가 우리 모두를 성숙시키는 좋은 학습의 장이 된다. 결과에 상관없이 그 경쟁 자체를 즐긴다는 생각을 가져라.

깊이가 없는 원색적인 사람은 많은 사람들의 신뢰를 받기 힘들다. 그래서 자신만의 내공으로 **영혼을 살찌워야** 한다. **자신의 삶에 무게중심**을 두고 한 가지 목표를 향해 전진해야 한다.

칭찬은 **마음의 꽃다발**이다

기이한 언행으로 유명한 통 속의 철인 디오게네스를 만나기 위해 알렉산드로스 대왕이 찾아왔다.

"원하는 것을 말하시오. 무엇이든 들어주겠소."

정복자 알렉산드로스의 호기는 대단했다. 그런데 디오게네스는 아랑곳 않고 한마디 툭, 던졌다.

"햇빛을 가리지 말고 좀 비켜주시오."

이에 알렉산드로스 대왕이 "허허, 내가 알렉산드로스가 아니라면 저 디오게네스가 되고 싶구나"하며 짐짓 통 큰 모습을 보였다. 그러자 디오게네스가 시원한 한 방의 펀치를 날렸다.

"내가 디오게네스가 아니라면 알렉산드로스만 제외한 어떤 사람이 되어도 좋겠다."

이 세상에는 돈이나 권력으로 되지 않는 것이 있다. 더 많이 가진 사람이나 힘이 센 사람이 덜 가진 사람이나 약한 사람을 지배하는 세상이 아니다. 그 누구도 지배할 수 없는 나만의 지혜와 철학이 내 재산이고 힘이다. 비록 권력은 없지만 세속의 욕망을 지배한 디오게네스처럼.

언어의 마술 중에서 가장 큰 영향력은 '감동'이다. 감동은 인간의 원초적 본능을 자극하는 것이다. 사람들에게 감동을 선사할 수 있는 사람은 엄청난 재산과 파워를 가진 사람이다. 그 사람은 인간의 희로애락에 충실할 수 있는 맑고 투명한 사람이다.

따뜻한 관심과 친절한 배려, 당당한 실력에 더해지는 아름다운 매력. 회사에서는 "미안합니다"라고 먼저 말하는 사람이 연봉이 더 높다고 한다. 말에도 플러스의 기운을 주는 말이 있고 마이너스가 되어 기운을 빼앗아가는 말이 있다. 아나운서들은 대부분 많은 사람들에게 희망과 용기를 주는 플러스화법을 사용한다.

플러스화법으로 사람들의 마음을 감동적으로 움직이게 하는 훌륭하고 세련된 방법이 바로 칭찬이다. 우리가 사회생활을 하다 보면 부주의한 말 한마디가 얼마나 상대방에게 상처를 주고, 좋은 칭찬 한마디가 얼마나 많은 사람들에게 희망과 용기를 주는지 모른다. 그래서 칭찬은 사람들에게 무한히 나누어 베풀어 줄 수 있는 마음의 꽃다발이다.

어느 회사의 조사에 의하면 일주일에 3~4회 칭찬했다는 사람은 32%, 일주일에 3번 이상 칭찬받았다는 사람은 11%에 지나지 않는다고 한다. 특히 우리나라 사람들은 다른 사람을 칭찬하는 것에 인색하고 또 칭찬하는 방법에 너무 서툴다보니 칭찬을 하면 오해를 받기도 한다. 하지만 우리는 작은 진심이 담긴 칭찬 한마디가 상대방에게 얼마나 큰 희망을 주고 삶을 변화시킬 수 있는 위력을 지니고 있는지를 경험한다. 칭찬은 그 사람을 긍정적으로 성장시키는 좋은 자극제이다. 내가 학생들을 가르칠 때 주로 많이 사용하는 방법이 칭찬이다.

"참 좋아졌구나."

"넌 훌륭한 아나운서가 될 거야."

"오늘 메이크업 아주 세련되고 멋진데."

이런 칭찬을 받으면 그 학생은 또 다른 칭찬을 받기 위해 더 열심히 한다.

미국의 심리학자 에릭 번은 이렇게 상대방을 인정해주고 칭찬해주는 자극을 스트로크 Stroke라고 했다. 사회생활 속에서 모든 사람들 사이에서 주고받는 스킨십, 표정, 눈짓, 감정, 언어 등 모든 것을 말한다. 대부분의 성공한 사람들은 긍정적인 스트로크, 즉 칭찬을 많이 사용한다. 능력이 있다고 해서 모두 다 성공하는 것은 아니다. 성공하는 사람들은 그를 도와줄 많은 주변인을 가지고 있다. 많은 주변인들 속에서 진정으로 존경받는 사람으로 성공하고 싶다면 칭찬의 달인이 되라. 칭찬은 무한히 나누고 베풀어 줄 수 있는 최대의 선물이고 마음의 꽃다발이다.

인간관계 달인의 언어 사용 5대 원칙

❶ 명령형이 아닌 의뢰형으로 말하라.

이렇게 해, 저렇게 하세요가 아니라

~이렇게 해주시겠습니까? ~저렇게 해주시면 어떻겠습니까?

❷ 부정형으로 말하지 않고 항상 긍정형으로 말하라.

절대 안 됩니다, 이건 절대 못합니다가 아니라

~이렇게 하는 것이 훨씬 더 좋습니다.

❸ 품격을 높여주는 쿠션 용어를 사용하라.

문장과 문장 사이에 쿠션을 넣어라.

~미안합니다만 이렇게 해주시겠습니까?

~죄송합니다만 다음에 다시 한 번 오시기 바랍니다.

~번거로우시더라도 한 번 더 해주시겠습니까?

❹ 플러스 대화법으로 하라.

~수고하셨습니다. 좋은 하루 되세요.

~정말 감사합니다. 행복한 하루 되세요.

❺ 123화법을 활용하라.

~한 가지 화두를 먼저 말하고

~두 가지 이상 상대방의 이야기를 듣고

~세 가지 이상 칭찬하면서 대화를 이어간다.

칭찬은 언제 어디서나 모든 사람들에게 무한히 나누어 베풀어 줄 수 있는 마음의 꽃다발이다.

품격 있는 여성의 말은 언제나 상대방의 품격을 높여준다. 그들이 사용하는 품격 높은 말은 때때로 칭찬의 꽃다발이 된다. 그 꽃다발과 함께 '쿠션 용어'를 사용한다. 쿠션 용어는 상황을 부드럽고 재치 있게 만드는 말이다. 재치 있게 사용하는 말이 사람들과의 마음의 거리를 얼마나 좁혀주는지 모른다. 이런 사람들을 우리는 인간관계의 달인이라고 말한다. 인간관계의 달인들은 항상 부드럽고 따뜻하며 진실, 성실 그 자체의 태도를 지닌다.

우리가 사용하는 말에는 사람들에게 **플러스의 기운을 주는 말**이 있고 마이너스가 되어 기운을 빼앗아가는 말이 있다. 우리는 많은 사람들에게 **희망과 용기를 주는 긍정적인 플러스화법**을 사용해야 한다.

여자답게 일하고 여자답게 승리하라

많은 사람들로부터 주목받고 있다는 잘난 여성들의 착각과 딜레마는 이렇게 나타난다.

❶ 타인을 인정하지 않는다. 자신만이 유일한 사람이라고 생각한다. 또 자신이 최고라고 생각한다. 이 세상의 모든 시선이 자기에게만 향해 있다고 생각한다.

❷ 다른 사람이 나보다 나을 것이라는 사실을 절대 인정하지 않는다. 특히 미모나 외형에 대해서는 더욱더 그렇다. 그래서 여자의 적은 여자라는 스스로의 함정을 파고 있다.

❸ 다른 사람의 이야기를 잘 듣지 않는다. 절대 안 듣는다. 언제나

원색적이고 독선적이다. 이런 사람과 이야기를 하면 벽에 대고 이야기하는 것과 같다. 그리고 결론은 자신이 내고 언제나 최선을 다했다고 말한다.

매력 있는 여성은 섬세함, 감성, 부드러운 여성성으로 승부할 수 있어야 한다. 여자답게 일하고 여자답게 승리하라. 〈힐러리처럼 일하고 콘디처럼 승리하라〉의 강인선 기자는, 강한 여자는 거칠고 사나운 여자가 아니라 자기다움을 유지하는 여자라고 강조한다. 아름답고 당당한 왕따의 길에서 글과 말을 키워온 실력 있는 전문가들이 더욱더 빛을 발한다. 다양한 경험, 세계적인 정치무대인 워싱턴과 뉴욕에서도 밀리지 않는 당당함을 바탕으로 한 그녀의 성공법칙에 많은 여성들이 공감하고 도전하기를 바란다.

차갑고도 따뜻한 여자, 자기 자신을 잃지 않으면서 세상에서 들이대는 각종 잣대에서 유능하다는 평가를 받는 것이야말로 가장 어렵고 고독하고 긴 싸움에서의 승리이다. "쓰러질지언정 무릎은 꿇지 않는다"고 말하는 야무진 축구선수 박지성의 오기와 "탁월함은 모든 차별을 압도한다"라는 오프라 윈프리의 말이 가슴에 와 꽂힌다.

KEY POINT
진정으로 강한 여자

매력있는 여성은 섬세함, 감성, 부드러운 여성성으로 승부할 수 있어야 한다. 강한 여자는 거칠고 사나운 여자가 아니라 자기다움을 유지하는 여자이다."

1 배려의 진정한 의미는 무엇이라고 생각하는가? 내가 남을 위해 베푼
배려는 무엇이 있었는지 되돌아보자.

----

2 SMART기법을 이용해 자기 자신을 표현해보라.

----

3 자신의 꿈을 MOT(Moment of Truth)를 활용해 구체적으로 세워보라.

----

6 경제력

베풀 줄 아는 진정한 부자가 되어라

하늘은 물을 내려 땅을 적신다.
하늘이 물을 내림은 땅에 대한 하늘의 사랑이다.
산천초목이 물이 기르고 불이 단련시키듯이
재물만으로는 생령을 다스릴 수 없다.

상상한 그릇의 크기만큼 성공한다

많은 사람들이 나를 보고 성공했다고 말한다. 진정한 성공의 의미는 무엇일까? 성공했다면 돈이 많다는 의미인가? 나의 사랑하는 후배들이 훌륭한 아나운서가 되어 방송국을 누비며 열정적으로 활동하고 있는 모습을 보면 나는 보람과 행복을 느낀다. 아나운서의 사회적 사명을 생각하면서 나는 평생을 그렇게 살고자 했다. 그렇다면 나는 다른 사람이 부러워할 만큼 돈이 많은 부자인가?

왠지 오늘은 이런저런 생각으로 베란다 의자에 앉아 느긋한 휴일을 즐기고 있다. 가족들과 오래간만에 외식을 했고, 아이들과 남편의 이야기를 들어주며 행복한 시간을 보냈다. 가족과 가정은 이래서 좋다. 이런 행복이 바로 나를 지켜주는 힘이다. 바깥의 생활은 마치 빗발치는 총알을 피해 다니는 전쟁터와 같다. 그 속에서 종종거리며 시간을 보낸다. 한숨 내려놓을 틈이 전혀 없다. 아나운서 시절에도 마찬가지지만 원래 방송이라는 것이 초와의 다툼이다.

오늘따라 진한 커피의 향이 정말 좋다. "커피는 악마와 같이 검고, 지옥과 같이 뜨겁고 천사와 같이 순수하고 키스처럼 달콤하다." 프랑스 작가 달테랑의 커피 예찬이다. 나는 부富라는 것이 마치 이 커피 맛과 같다고 생각한다. 부는 우리 삶을 키스처럼 달콤하고 행복하게 하지만 때론 악마와 같이 검고 지옥처럼 황폐하게 내던져버리기도 한다.

나는 맏딸 콤플렉스가 있어서인지 초등학교 때부터 엄마에게 용돈을 타는 것보다 스스로 벌어서 쓴 돈이 더 많았다. 대학교 때는 학교 방송국 장학금과 월 활동비를 지원받아 용돈을 해결했으며, KBS 학생기자로 사회교육방송국에서 대학가 화제뉴스를 전달하는 것이 계기가 되어 방송국 PD들과 친분을 쌓고 또 방송에 대해서 스스로 동기부여가 되었다. 삶의 이치에 밝은 어머니 덕분에 어릴 때부터 삶을 주도하는 방식을 터득해 독립심과 자신감을 배웠다.

인생은 단거리 경주가 아니라 머나먼 항로를 여행하는 긴 장거리 마라톤이다. 출발점도 중요하지만 뛰는 사람의 마음과 체력, 세상과 한 판 붙어보겠다는 야심찬 도전과 오기가 필요하다. "운명과 가난이 나를 지배하도록 내버려두지 않겠다"라는 마음으로 성공한 세계의 우먼파워 오프라 윈프리를 보아도 알 수 있다. 그녀는 세상에 대한 오기와 도전이 있었다. 그리하여 주어진 운명을 이긴 것이다.

이제 세상은 옛날과 완전히 달라졌다. 하지만 태어날 때의 주어진 환경은 내 손으로 바꿀 수 없다. 작은 구멍가게에서 태어난 여자아이가 대기업 사장의 무남독녀와 똑같은 환경에서 자란다는 것이 쉽지는 않다. 이때 주어진 환경에 따라 기회가 달라질 수 있다는 것도 알아야 한다. 그래서 자신이 출발점이 뒤처진다고 생각하면 더 세밀한 인생 전략을 짜야 한다.

일단은 '내가 먼저'라는 생각을 가져보자. 이기적이라는 말이 아니라 자중자애自重自愛라는 말을 의미한다. 우주의 자전과 공전은 나를 중심으로 돌아간다. 자신에 대한 사랑이야말로 진실한 부를 얻는 최고의 비결이다. 성공의 최고 비결은 성공에 대한 굳건한 믿음이며, 그 다음에는 자신에 대한 무한한 사랑이다. 그것이 출발점과 상관없이 장거리를 뛸 수 있는 최선의 전략이다.

몇 년 전 미국의 한 경제잡지가 미국의 백만장자들에 대한 특집기사를 실었는데 부모의 유산으로 백만장자가 된 사람은 20% 정도이고 나머지 80%는 자기의 힘으로 백만장자가 된 것으로 조사되었다. 결국 인생은 생각과 태도에 달려 있다. 인생을 바꾸고 싶으면 우선 사고방식부터 바꾸어야 한다.

부익부빈익빈이 강화되고, 철저하게 자본주의와 황금만능주의가 지배하는 세상이다. 즉 부모로부터 좋은 환경과 재산을 물려받은 사람이 기회와 혜택이 더 많을 수밖에 없다. 그러나 부모로부터 재산을 물려받고 또 좋은 환경과 좋은 머리를 가져 독보적인 존재로 인정받아 부자로 사는 사람은 전체 부자의 10% 내외에 지나지 않는다. 그 다음 20~30%는 부모로부터 물려받은 재산을 바탕으로 부를 축적한다. 그 다음의 모든 부자는 자수성가한 사람들이다.

옛날에는 이 자수성가형의 재산 형성을 보면 근면성실, 자린고비 전략이 대부분이었다. 하지만 오늘날에는 투자한 만큼 기회가 주어지고, 새로운 아이디어와 창의력을 요하는 세상이기 때문에 독특한 차별화 경쟁력을 갖는 것이 훨씬 더 빠르게 부의 세계를 점령할 수 있다. 성공을 위해서는 독보적인 스페셜리스트가 되어야 한다. 결국은 자신에게 승부를 걸 수밖에 없다. 또 충분히 그것이 가능한 시대이다.

진정한 부자의 삶을 살고 싶은가? 그렇다면 자신을 최고의 전문가로 만들어라. 무언가를 이루고 싶다면 우선 내가 무엇을 원하는지를 확실하게 알아야 한다. 요구가 애매하면 결과도 애매하다. 조금밖에 원하지 않으면 조금밖에 얻을 수 없다. 상상한 그릇의 크기만큼 성공한다. 누에는 몸의 길이는 8cm밖에 되지 않지만 그 몸에서 나오는 실의 길이는 자그마치 1,000m 이상이다. 누에는 뱃속에 자기 몸길이의 1만2천 배나 되는 실을 품고 있다. 인간의 능력도 마찬가지다. 겉으로 드러나는 능력보다 수십 배, 수백 배, 수천 배의 능력을 품고 있다. 자신의 내면에 숨어 있는 거인을 깨워 부자로 살고 싶다고 말하라.

KEY POINT
인생은 장거리 마라톤

인생은 단거리 경주가 아니라 머나먼 항로를 여행하는 긴 **장거리 마라톤**이다. 출발점도 중요하지만 뛰는 사람의 마음과 체력을 갖추고 세상과 한판 붙어본다는 **야심찬 도전과 오기**가 필요하다.

돈은 사람들의 심장에 꽂아라

나는 사랑하기 때문에 가족에게는 늘 베풀어야 한다고 생각한다. 착한 맏딸 콤플렉스다. 지금도 사랑하는 내 가족에게는 최고의 삶을 안겨주고 싶다. 그리고 알게 모르게 다른 사람을 돕는 일도 계속 하고 싶다. 특히 젊은이들의 심장에 꽂은 돈은 그 이상의 보람과 가치를 가져다주어서 더욱 그렇다.

만약 많은 돈을 번다면 내가 사랑하는 주변의 모든 사람들과 함께 나누어 쓰고 싶다. 그리고 내가 가르치는 젊은 후배들의 뜨거운 심장에 꽂아두려 한다. 그들이 삶의 새로운 활기와 용기를 얻는 일에 나의 경제적 능력이 필요하다면 나는 언제든지 나누어주리라. 나는 항상 나를 찾아오는 길 잃은 후배들에게 최고의 식사와 용기를 대접한다.

그리고 중간에 포기하려고 하는 학생이나 힘들어 지쳐 있는 학생들에게 용기와 희망을 가질 수 있는 책을 선물한다. 책은 많은 이들에게 무한히 나누어 줄 수 있는 최고의 선물이다. 책 속의 한마디가 인생을 바꿔놓을 수 있기 때문이다.

나는 사랑하는 두 아들의 심장에도 항상 뜨거운 불꽃을 지펴놓을 뿐 아니라 뜻있는 아나운서가 되고자 하는 후배들의 심장이 차가워지지 않도록 능력 있는 선배가 되려고 노력할 것이다. 그리고 아나운서가 꿈꾸는 세상을 만들기 위하여 나의 경제적인 풍요로움은 한 몫을 할 것이다. 더욱 많은 사람들에게 나누고 베풀고 사랑하며 사는 삶이 나의 남은 인생의 꿈이기 때문이다.

아낄 때는 수전노처럼 아끼더라도 천사처럼 베풀며 살아야 한다. 베풀어보면 알 수 있다. 내가 베푸는 것이 두 배, 세 배가 되어 돌아오는 그 부유한 느낌을.

진정한 부자는 손해의 법칙을 너무도 잘 알고 있다. 그것이 손해가 아니라 배려하고 양보하는 법칙임을 알고 있다. 가장 효과적으로 사람의 마음을 움직이게 하는 비결을 알고 있는 것이다. 돈만 있는 사람이 되지 말고 돈도 있는 사람이 되어라. 수전노처럼 아끼고 아껴서 천사처럼 돈을 쓸 수 있는 사람이 진정한 부자이며, 그런 삶을 꿈꾸고 계획할 줄 알아야 한다.

또한 진정한 부자는 시간과 경제적으로 자유로울 수 있는 사람이다. 모든 인간관계에서 여유를 주는 독립성, 그것은 어느 정도의 경제적 부를 가진 자만이 누릴 수 있다. 성공한 사람들의 성격 특성을 가

만히 살펴보면 남에게는 한없이 너그러우면서 자신에게는 참 엄격하고 냉철하다. 훌륭하신 선배님들은 다른 사람에게 그렇게 너그러울 수가 없다. 카메라 앞에서 너그럽고 환한 웃음을 지을 수 있는 것은 엄격한 자기 훈련과 통제에 의해서 깎고 다듬어진 결과이긴 하지만, 카메라 밖으로 물러나서까지 그러기란 결코 쉽지 않다. 오래도록 시청자들의 사랑을 받는 방송인들은 하나같이 자신에게 너무 엄격하다는 것이다.

스스로를 엄격하게 관리를 잘하는 사람이 많은 사람들로부터 존경을 받아 다른 분야에서도 성공한다. 반대로 자신에게 한없이 너그러우면서도 다른 사람에게 인색한 사람들은 가난하고 옹색하게 사는 것 같다. 그런 사람들을 보면 항상 입에 돈, 돈, 돈! 하고 살지만 실제로는 넉넉한 삶을 살지 못한다.

KEY POINT
손해의 법칙

 스스로를 엄격하게 관리하는 사람은 많은 사람들로부터 존경을 받아 다른 분야에서도 성공한다. 반대로 자신에게 한없이 너그러우면서도 다른 사람에게 인색한 사람들은 성공과는 거리가 멀다. **진정한 부자**는 손해의 법칙을 너무도 잘 알고 있다. 그것은 손해가 아니라 **배려하고 양보하는 마음**이다.

진정한 부자는 누구인가

왜 나만 늘 지는 게임을 했었나? 일찍 경제적으로 독립해 금전적인 부족함은 없었지만 항상 다른 사람들과의 관계에서 힘들었다. 나는 학교에서 배운 대로 실천하고 그렇게 행동했다. 성실한 마음으로 열심히 살면 언젠가 행운과 복을 받는다고 말한다. 그래서 항상 착하게 살려고 했다. 착한 사람이 언제나 행복의 주인공으로만 생각했었다. 그래서 항상 돈을 벌어 다른 사람들에게 나누어주기도 하며 또 때로는 가족과 주변 사람을 위해서 희생하기도 했다. 그것이 마치 미래의 행복을 담보 받은 것 마냥 좋은 일이라 생각했다.

그런데 세상에 대해 눈을 뜨고 보니 착하게 열심히 책임과 의무를 다하고 산 나보다 그러면 안 된다고 손가락질하면서 이기적으로 사는 사람들이 더 잘살고 있다는 것을 발견했다. 그 허무감과 좌절감이란 이루 말할 수 없었다. 승리와 행운의 여신은 마치 전쟁터에서 돌아온 승리자의 훈장만큼이나 치열하고 처절한 투쟁의 결과인 것을 나는 나중에 알았다.

이 세상의 논리는 누가 착한가? 그리고 누가 더 절박한가?에 의해서 정해지기도 한다. 나는 항상 착한 자리, 그리고 다른 사람들이 다차지하고 난 뒤의 절박한 막차를 타다 보니 삶이 고단한 적도 많았다. "희생하고 양보했으므로 난 행복하였네라"라는 말은 절대로 진리가 아니다. "내가 너에게 어떻게 했는데 어쩌면 그럴 수 있니?"라는 말은 나약한 자의 구차한 변명이다. 어쩔 수 없는 상황에서의 힘의 부족에서 오는 배려와 양보는 자신을 끝까지 지켜내지 못하는 자존감의 결여였다.

동화 〈백설공주〉에서 마녀는 거울에게 자꾸자꾸 묻는다. "거울아, 거울아 이 세상에서 누가 제일 예쁘지?" 거울은 백설공주라고 말한다. 하지만 마녀는 또 묻는다. 항상 대답은 마찬가지지만 자꾸 마녀는 확인하고 싶어 한다. 그 마녀에게 있어 미모의 적은 백설공주가 아니라 바로 자기 자신의 열등감이다. 현대의 여성 중에도 열등감, 경제적 무능함을 예쁜 미모로만 포장하여 백마 탄 왕자를 만나려는 백설공주가 있다. 이는 의존적인 삶의 패러다임이다.

나는 돈이 없어 가난한 사람보다 자존심을 지키지 못하는 사람이 더 싫다. 그런데 우리는 그동안 아무래도 그렇게 살아온 것 같다. 국

가 간의 외교, 사회적 역할, 삶에 있어서의 주변 사람들과의 관계. 이
것을 당당하게 하는 것이 진정한 협상이다. 협상을 할 줄 아는 사람은
언제나 당당하다. 진정한 거래의 의미를 안다. 그리고 깔끔하다. 무엇
보다도 세상을 냉철하게 보는 눈이 있다. 그리고 삶에 균형 감각을 가
지고 있다. 냉정과 열정, 희생과 봉사, 가치와 실리, 성취와 나눔에 대
한 견제와 균형감각. 이것을 올바르게 실천할 줄 아는 사람이 진정한
부자가 아닐까.

벽을 넘어서기 위해 문을 내어라

이 세상에 활짝 열려 있는 모든 문은 한때는 벽이었다. 벽은 막힘이고 문은 열림의 의미다. 하지만 벽과 문 자체에는 아무런 차이가 없다. 아무리 높은 벽이라도 일단 문을 내면 열리기 마련이다. 인간관계에서나 목표를 향해 나아갈 때 가끔은 차디차고 굳게 닫혀 있는 벽을 만나게 된다. 그 벽을 넘어서기 위해 문을 내야 한다.

도쿄대학 교수이자 일본의 갑부인 혼다 세이로쿠는 "가난하면 품성이 떨어지고 품성이 떨어지면 더 가난해진다"는 말을 자서전에 남겼다. 그는 "돈을 번다는 것은 금전상의 축적 외에 도덕과 교양 면에서는 물론이고 사회봉사적인 측면에서도 더 가치를 높이는 일이다"라고 돈에 대한 철학을 말한다.

문제는 돈에 대한 의식이다. 돈은 실체가 아니라 개념이다. 백만 원이 없어 자살하는 사람이 있는가 하면 수억 원의 빚을 지고도 유유히 놀러 다니는 사람이 있다. 돈은 곧 도와 같은 것이다. 믿음과 신뢰, 의심이 없는 것이다. 성공에 대해 확실하게 믿으며 일말의 의심 없이 부단히 노력하는 것이다. 노력한 만큼 전문성은 높아질 것이고 높아진 전문성만큼 부와 명예는 저절로 다가와 있을 것이다. 나는 학생들에게 항상 그렇게 말한다. 부자가 되고 싶다면 자신의 일에서 확실한 전문가가 되라. 그러면 돈은 저절로 따라오게 될 것이다.

진정으로 부유한 인생을 위한 7가지 실천전략

숫자와 친해져라

매일 먹는 음식을 다이어리에 적듯이 소비습관을 철저하게 분석하며 매일매일 적어보라. 돈에 대한 생각이 달라진다.

성공은 철저한 자기 계발에서 비롯된다

공부는 모든 투자의 첫걸음이다. 가장 위대한 성공의 멘토는 '책'이다. 일생을 두고 몸 바쳐 좋아하는 일을 찾고 그 분야에 전문가가 되어 열심히, 즐겁게 일할 수 있는 분야를 찾아라. 즐기면서 일할 줄 아는 사람이 부와 명예를 동시에 얻는다.

치열한 프로의 세계를 즐겨라

프로의 세계는 다양한 전략과 전술이 필요하다. 경쟁을 회피하는 여성들이 빠지기 쉬운 '착한 여자 신드롬'에 빠져 빼앗기고 우는 사람이 되지 말고 우아하게 승리하여 느긋하게 베푸는 사람이 되라.

부자에게서 눈을 떼지 마라

피카소는 "훌륭한 예술은 모방에서 나온다"라고 말했다. 부자의 방귀는 달고 가난한 사람의 방귀는 고약하다. 먹는 음식과 소화하는 프로세스가 다르기 때문이다. 부자가 생각하고 행동하는 습관을 눈여겨 배워라. 단, 절대 자존심은 굽히지 마라.

광장과 밀실의 두 세계를 즐겨라

문밖의 광장세계에서는 화려하고 도도한 세상을 살고 집안의 밀실에서는 청빈과 느림의 미학으로 무위도식의 세계를 즐겨라. 인생의 맛이 달라진다. 광장과 밀실의 두 세계를 즐기는 사람은 강한 자들에게 도전하고 약한 자들의 손과 가슴을 어루만져 줄 수 있는 힘 있는 사람이 된다.

결혼은 사랑하는 사람과 하라

사랑은 없지만 돈이 많다, 돈은 별로 없지만 너무 사랑하는 남자다. 누구와 결혼하는 것이 현명할까? 돈은 유기체다. 한 곳에 머물지 않고 흐름을 탄다. 현재 돈을 많이 가지고 있는 것이 중요한 게 아니라 돈에 대한 생각을 어떻게 가지고 있는가가 중요하다. 현재 사랑하는 사람이 돈이 좀 없더라도 그 사람과 결혼하라. 돈이 없어도 사랑하는 이유는 돈 이상의 더 중요한 가치를 주기 때문이다.

세계에 도전하라

우물 안의 개구리처럼 주변의 오랜 친구에게 너무 익숙해져 새로운 세계의 사람을 만나기를 두려워하지 마라. 새로운 세계의 문을 두드리면 오바마를 당장이라도 인터뷰하러 갈지 모른다. 한 여자의 일생이 어떻게 점프를 하게 될지 인생은 모르는 것이다. 젊고 능력 있는 여성이 되기 위해서는 글로벌 마인드를 키워라.

KEY POINT
돈의 노예가 아닌 돈의 주인

얼마나 많은 돈을 가지고 있는가가 아니라 **돈을 올바르게 사용**하는 것이 바로 돈에 대한 품격이다. 돈의 노예가 되지 말고 **돈의 주인**이 되어라.

1 돈을 버는 방법은 많다. 그중 자신에게 가장 잘 맞는 방법은 무엇이라고 생각하는가? 그것을 이루기 위해 어떻게 해야 하는지 구체적인 계획을 세워보라.

----

2 뜻하지 않게 1억원이 생겼다. 이 돈을 어떻게 사용할지 적어보라.

----

3 돈이 많지만 마음에 들지 않는 남자와 마음에 들지만 돈이 없는 남자가 동시에 프러포즈를 했다. 누구를 선택하겠는가? 아니면 둘 다 버리겠는가? 그 이유는?

----

7 하모니

세계를 무대로 활동하는
글로벌 인재가 되어라

외부를 바라보는 자는 꿈을 꾸고
내부를 바라보는 자는 깨어난다.
─칼 융

꿈은 체험에서 나오는 것

품격은 인성과 인격을 말하며 품위는 직품과 지위다. 품격은 각 개인의 성격을 말하지만 품위는 어떤 지위와 타이틀 속에서 더욱더 가치를 가질 것을 말한다. 두 가지 의미를 다 가지고 있는 것이 기품이다. 기품은 성품이 고상하고 격조가 있다. 기품이 부족하면 천박하고 경솔해 보인다. 외모는 나이가 들수록 퇴색되지만 기품은 나이가 들수록 더 빛을 발한다. 오래도록 그 빛을 발하는, 기품이 살아 있는 명품 아나운서를 만드는 것이 나의 교육철학이다.

품격 있는 전문가가 되기 위해서는 견제와 균형이 필요하다. 아나운서의 품격은 화려한 스포트라이트와 냉철한 피드백에 대한 견제이며 뜨거운 열정과 차가운 지성 간의 균형이다. 열정과 냉정, 고상함과 비속함, 외형과 내면, 체면과 실리 사이에서 견제와 균형 감각이 필요하다. 하지만 품격 있는 삶의 견제와 균형만큼 어렵고 힘든 것은 없다. 아무리 도를 닦은 성인일지라도 10일 이상 함께 있으면 싸운다고 말할 정도로 힘든 것이기에 품격을 갖춘다는 것은 그만큼 노력과 실천으로 내면을 채워야 한다는 의미이다.

매력 있는 여성의 품격은 나눔과 봉사를 통해서 비로소 완성된다. 작게는 조직, 기업, 사회의 테두리 안에서지만 크게는 지구촌 내에서 국가와 민족에 대한 사랑과 봉사이다. 이는 화려한 야망이 아니라 이 사회에 비전과 가치가 살아 숨 쉬게 할 수 있는 여성의 길이다. 성공하는 전문가가 되는 것도 마찬가지이다. 어느 정도의 전문성을 획득했다면 더 넓은 곳으로 눈을 돌려야 한다. 다양한 사람과 주제에 대해 관심을 가지며, 다양한 문제점을 정확하게 인식할 수 있는 광범위한 지식을 소화할 줄 알아야 하는 것이다.

KEY POINT
나눔과 봉사

매력 있는 여성의 품격은 **나눔과 봉사**를 통해 비로소 완성된다. 작게는 조직, 기업, 사회의 테두리 안에서, 크게는 지구촌 내에서 국가와 민족에 대한 사랑과 봉사를 베풀어야 한다. 이는 우리 사회에 **비전과 가치**가 살아 숨 쉬게 할 수 있는 **여성의 길**이다.

40여 명의 예비 아나운서로 구성된 책 녹음 봉사모임 '봄온 사랑나눔회'는 매년 시각장애인들을 위한 독서도우미 봉사활동을 한다. '세상의 빛, 소리로 들려 드릴게요'가 모토이다. 시각장애인들은 주로 책을 읽어 녹음한 오디오북을 통해 독서를 한다. 기호 등을 신경 써야 할 전문서적은 점자도서를 이용하지만 소설, 잡지, 시, 수필 등 대부분의 일반서적은 편하게 들을 수 있는 오디오북을 선호한다.

강서 점자도서관의 송재욱 사무국장은 "초기에는 오디오북이 얼마 되지 않아 어려움이 많았는데 예비 아나운서들의 자원봉사 덕분에 수량이 부쩍 늘어났다"고 말한다. 5년째 오디오북 녹음을 하고 있는 봄온아카데미의 남주현 강사(前 춘천MBC 아나운서)는 직업과 관련된 일을 하면서 남을 도울 수 있는 오디오북 녹음은 즐거운 봉사라고 말한다. 내 목소리를 듣고 감동과 희망을 얻는 시각 장애인이 있다면 그 누가 봉사를 하지 않겠는가.

한 라디오 프로그램의 25주년 축하연에 참석했다가 네 손가락의 피아니스트 이희아씨를 만난 적이 있다. 최고 스타상을 받은 이희아씨는 "만약 내 손가락이 다섯 개였다면 지금보다 피아노를 더 잘 치지 못했을 것이고, 또 사람들의 사랑도 받지 못했을 것"이라고 말했다. 손가락이 네 개여서 더 열심히 피아노를 쳤다는 이희아씨를 보면서 내가 이 사회에 할 수 있는 일이 무엇일까를 생각했다. 다섯 살 때 교통사고를 당해 휠체어 없이는 거동이 불편한 김지혜씨는 이동통신 광고에 출연하면서 방송과 인연을 맺은 뒤 실력을 닦아서 진정한 실력으로 인정받는 방송인이 되고 싶다고 말한다. 지체장애 1급인 오교분

씨는 대학 전공인 애니메이션과 관련된 성우가 되는 것이 꿈이라고 하며, 강원도 영월에서 온 조선숙씨는 열심히 배워서 노인과 장애인을 위한 행사에 전문 진행자로 활동하고 싶다고 포부를 밝혔다.

봄온 설립 이후 소년소녀가장 돕기 소액기부를 시작으로 화상 어린이 돕기협회 지원, 그리고 제자들과 함께 시각장애인을 위한 책읽어주기 운동을 펼치고, 몇 년 전부터는 방송을 꿈꾸는 장애인들을 대상으로 장애인 아나운서들의 방송활동을 도와주기 위해 나의 작은 재능을 보태고 있다. 방송은 장애인이건 비장애인이건 누구에게나 꿈과 열정의 무대이기 때문이다.

그들에게 긍정의 힘을 전파하고 싶다. KBS 아나운서가 되기까지 10전 11기의 경험이 있는 나는 어떠한 상황에서도 포기하지 않으면 자신의 꿈을 이룰 수 있다는 긍정의 힘을 믿는다. 그 긍정의 힘을 가진 후배들을 양성하는 것이 나의 사명처럼 다가왔다. 그들이 어떤 상황에서도 희망을 말할 수 있도록 만들어주고 싶다.

나는 학생들이 대형 스타 아나운서만을 꿈꾸기보다 이 땅의 방송이 있는 곳이라면 어디든지 가서 방송을 하길 원한다. 그곳이 지상파방송, 케이블방송, 인터넷방송, 사내방송, 위성방송이건 혹은 작은 규모의 방송이건, 급여가 많건 적건, 남이 알아주건 알아주지 않건, 오직 방송만을 위해 존재하는 방송인이길 바라고 방송으로 인해 존재감과 행복감을 느끼길 바라며 그렇게 가르치고 있다. 나는 방송을 시작할 때 "나보다 남을 위한 방송을 하라"는 교육을 많이 받았다. 그것이 내가 지금 학생들을 가르치고 있는 강의 철학이다. 내가 가지고 있는 능력이 항상 남을 위해서 쓸 수 있도록 해야 한다.

누구나 꿈을 주는 사람이 되어야 한다. 그러려면 스스로 꿈을 꾸는 능력이 있어야 한다. 꿈은 체험에서 나온다. 접해봐야 꿈이 뭔지 알 수 있다. 꿈은 체험에서 찾아 긍정의 힘으로 이루는 것이다. 나는 교육자로서의 축복을 누리고 있다. 그리고 복을 받은 만큼 꼭 나누는 삶을 살겠다고 결심했다. 나눔으로써 사회에 봉사하며 환원하고 싶은 꿈을 꾼다.

이제는 글로벌화 시대이다. 나는 우리 학생들이 이런 자질과 품성을 가지고 세계 무대에서 마이크를 잡고 누비고 다니는 꿈을 꾼다. 가장 화려한 곳에서 희망을 전하고 또 가장 외롭고 힘든 오지에서 절망의 소식을 전할 때에도 누구나 똑같은 인간으로서 따뜻함과 희망의 메시지를 꿈꾸게 할 수 있는 휴머니스트가 되기를 바란다.

성공을 꿈꾸는 여성들에게 항상 아름다움과 따뜻한 마음으로 한 시대를 풍미했던 오드리 햅번의 이야기를 들려주고자 한다.

아름다운 입술을 갖고 싶으면
친절한 말을 하라.
사랑스런 눈을 갖고 싶으면
좋은 점을 보아라.
날씬한 몸매를 갖고 싶으면
너의 음식을 배고픈 사람과 나누어라.
아름다운 머리카락을 갖고 싶으면

하루에 한 번 어린이가 너의 머리를 쓰다듬게 하라.

아름다운 자세를 갖고 싶으면

결코 혼자 걷고 있지 않음을 명심해서 걸어라.

사람들은 상처로부터 나아야 하며

낡은 것으로부터 새로워져야 하고

병으로부터 회복되어야 하고

무지함으로부터 교화되어야 한다.

또 고통으로부터 구원받아야 하고,

결코 누구도 버려져서는 안 된다.

기억하라!

만약 도움을 주는 손이 필요하다는 사실을 깨닫는다면,

너의 팔 끝에 있는 손을 사용하라.

또 너의 나이가 들면 손이 두 개라는 것을 발견하게 될 것이다.

한 손은 너 자신을 돕는 손이고,

다른 한 손은 다른 사람을 돕는 손이라는 사실을…….

-1992년 크리스마스 이브

오드리 헵번이 아들에게 들려준 Beauty Tip 중

삶은 거리에서 이루어진다

나는 여행을 참 좋아한다. 뭔가 긍정적이고 새로운 힘이 필요할 때, 큰일을 마무리했을 때, 그리고 새로운 아이디어로 새 일을 시작할 필요가 있을 때는 항상 지금 현재 머물고 있는 공간에서 훌쩍 떠난다. 삶은 거리에서 이루어진다. 여행은 새로운 경험이고 함축된 우리네 인생이다. "다리가 떨릴 때 여행하지 말고 가슴이 떨릴 때 여행하라"는 말이 좋다. 그리고 순간의 삶을 최상으로 즐기고 싶다.

"한창 배낭을 메고 세계를 누비며 꿈을 키우고 창의력을 길러야 할 젊은이들을 도서관에 틀어박혀 입시준비만 하도록 내몬 것은 사회의 책임이다." 일본의 성공한 사회적 기업의 대명사로 불리우는 아소봇 ASOBOT의 이토 다케시의 말이다. 자크 아타리 Jacques Atali는 그의 책 〈호모 노마드 *L'homme Nomade* (유목하는 인간)〉에서 "태초의 인간은 유목민이었다. 그들이 언어와 불, 종교와 민주주의, 시장, 예술 등 문명의 실마리를 고안해냈으며, 정착민들이 발명해낸 것은 고작 국가와 세금, 감독뿐이다"라고 지적한다.

인간은 여행을 통해서 다시 태어난다. 실제로 전세계 60억 인구 중 10억 이상이 현대적 의미의 노마드족이다. 즉 이민자, 해외취업자, 출장자, 여행자 등이 끊임없이 움직이고 있으며 그들이 변화를 일으키는 주인공이다. 여행은 인생의 축소판이다. 현대인은 기존의 가치와 삶의 방식을 넘어 새것을 창조해내는 삶을 산다. 현재의 소유에 집착하지 말고 즐기면서 사는 법에 익숙해지라고 그는 말한다.

연기인 김혜자 선생님의 〈꽃으로도 때리지 마라〉라는 책은 나에게 너무 큰 감동을 주었다.

"세상은 참으로 이상합니다. 본질적인 것은 뒷전으로 미뤄둔 채, 사람들은 온통 비본질적인 것에 매달립니다. 굶어 죽어가는 아이에게 음식을 먹여 살리는 것, 전쟁을 중단하는 것, 가난한 사람들에게 더 많은 관심을 쏟는 것, 이것들이 나는 본질적인 일이라고 믿습니다."

나는 해마다 수많은 후배들을 배출하면서 그들에게 생생한 경험과 인간에 대한 기본적인 사랑이 없이는 훌륭한 아나운서가 될 수 없다고 가르친다. 그래서 나는 이들을 데리고 해외 봉사활동을 다니는 것이 또 다음의 목표이다. 아프리카든 아프가니스탄이든 동남아시아든 그리고 언젠가는 북한까지, 지구촌 곳곳을 방문해 그들에게 희망의 목소리를 전달해주고 싶다. 어려움이 있는 곳이라면 어디든지 갈 수 있다. 그 길 위에서 그들이 세상을 향하여 어떤 목소리를 내야 하는지를 스스로 배워야 한다.

바르고 정확한 발음과 신뢰감을 주는 목소리를 내는 것이 아나운서가 되는 과정의 목표라면 보다 더 이상적인 가치를 추구할 수 있는 목표를 심어주고 싶다. 과정목표나 행동목표를 넘어 가치목표에 충실한 아나운서가 되면 직업에 대한 가치 업그레이드, 그리고 아나운서의 사회적 소명과 역할의 소중함을 잊지 않는다.

나는 펜 끝에서 시작하는 전설의 여기자 오리아나 팔라치 Oriana Fallaci를 좋아한다. 그녀는 가장 많은 지도자들을 인터뷰하고 자신이 가장 많은 인터뷰를 받은 언론인이기도 하다. 그녀는 오늘날 부드러움 속에 강인함을 지닌 여성 리더십과는 좀 색다른 여성이기도 하다. 그녀는 글을 쓸 때나 인터뷰를 할 때 항상 자신을 잃지 않는다. 그녀의 글속에서 각광을 받는 주인공은 역시 그녀 자신이었다. 그녀는 펜을 화살로, 기사를 과녁으로 삼아 세상에 정확하게 쏘아대는 대담한 기자였다.

발칙한 인터뷰, 창의적인 방식, 대담무쌍한 기사에 전세계가 주목했다. 간디, 바웬사, 빌리 브란트, 덩샤오핑 鄧小平, 부토, 호메이니, 키신저 등 정치적 거물들과의 인터뷰에서도 그녀 자신이 살아 있었다. 그녀는 수많은 권력자들을 공격적으로 인터뷰했다. 다혈질적인 기질과 거침없는 인터뷰 방식이 때론 비난의 대상이 되기는 했지만 우리가 본받고 배울 점은 열정과 창의성 그리고 두둑한 배짱과 언론인으로서의 주체적인 근성이다.

아무리 성공해도 자신이 올곧게 서지 않고 철학이 없으면 그저 예쁘기만한 꽃에 지나지 않는다. 화려한 꽃은 한 계절이 지나감과 함께 지고 만다는 것을 알아야 한다.

'낯선 곳에서의 아침을' 이라는 말이 생각난다. 익숙한 것으로부터의 탈출이다. 새로운 눈으로 세상을 보는 것이다. 굳이 알랭 드 보통의 '여행의 기술' 을 떠올리지 않더라도 마치 인생을 표류하고 여행하듯이 긍정의 힘을 얻고 싶을 때 나는 언제라도 떠날 준비를 하고 있다.

여행은 생각의 산파다.
움직이는 비행기나 배나 기차보다 내적인 대화를
쉽게 이끌어내는 장소는 찾기 힘들다.
때때로 큰 생각은 큰 광경을 요구하고
새로운 생각은 새로운 장소를 요구한다.

여행은 항상 나 스스로에게 왜? 라고 질문을 던진다. 왜 그랬던가? 라는 문제를 제기할 때 익숙한 세계는 비로소 불편한 인식의 세계로 다가온다. 그럴 때 주어지는 긴장감이 바로 새로운 힘을 잉태하게 하는 원동력이다. 그렇게 변신하면서 사는 삶이 지루하지 않고 신나는 삶이다. 매일 편안한 소파를 박차고 익숙한 나의 공간을 떠나 나를 새롭고 어색한 곳으로 둘 준비를 하라. 저 골목의 끝에는 또 무엇이 있을까? 하는 호기심이 자신을 일으켜 세우도록 하라. 뭉게뭉게 피어오르는 상상력이 또 다음 발걸음을 재촉할 것이다.

생 텍쥐베리는 〈어린 왕자〉에서, 사막이 아름다운 이유는 사막 어딘가에 귀중한 보물이 있을 것 같기 때문이라고 했다. 여행이 아름다운 이유는 이 세상 어딘가에 누구에게도 발견되지 않은 나만의 보물이 숨겨져 있기 때문이다. 그 보물을 찾아서 떠나는 것이다. 이 세상은 오로지 찾는 자의 몫이다. 보고 경험하고 아는 만큼 이 세상은 다르게 보이기 때문이다.

굳게 닫힌 저 문 밖의 삶에 호기심을 갖는 것, 담 너머의 세계에 상상력을 부리는 것, 호기심과 동경을 향한 마음을 여는 열쇠가 필요하다. 그 열쇠는 바로 당신의 손에 이미 쥐어져 있다.

KEY POINT
나만의 보물

 여행이 아름다운 이유는 이 세상 어딘가에 누구에게도 발견되지 않은 **나만의 보물**이 숨겨져 있기 때문이다. 그 보물을 찾아서 떠나는 것이다. 이 세상은 오로지 찾는 자의 몫이다. **보고 경험하고 아는 만큼** 이 세상은 다르게 보인다.

아직도 세계는 넓고 할 일은 많다

미래의 사회는 지식이나 이론보다 타인을 설득하고 공감하는 능력이 필요한 시대이다.

공감이란 다른 사람의 입장에 서서 그 사람의 눈으로 보고 그 사람의 감정을 이해하고 느끼는 힘이다. 공감의 법칙은 마음을 이끄는 힘이고 다른 사람들과의 조화 능력이다. 마음을 이끄는 수단으로 가장 많이 사용하는 것이 '말'이다. 말에 의해서 그 힘이 확산된다. 그것이 설득력이다. 아무리 좋은 생각과 가치가 있어도 많은 사람들에 의해서 이해되고 설득되지 않으면 아무런 힘도 발휘하지 못한다.

미디어 영상산업 시대라고 할 수 있는 21세기에는 '말'에 의한 설득력, 공감력이 우리 삶의 파워이고 매직이다. 공감의 법칙의 가장 보편적인 기준이 품격이다. 품격을 갖추고 있다는 말은 한 인간에 대한 가장 완벽하고 높은 찬사이다. 성공과 품격의 양 날개를 다 갖추고자 하는 욕망의 현대인들. 더 높은 경지의 성공은 고매한 품격을 요구하고, 또 높은 경지의 품격은 더 높은 경지의 성공으로 이끌어준다. 그렇지만 완벽한 품격의 완성은 다른 사람과의 조화를 이루는 것이다.

2008년 겨울 미국이 버락 오바마라는 흑인 대통령을 탄생시켜놓고 전세계가 새로운 패러다임의 시대를 예고하고 있다. 그는 정녕 미국의 대통령이 아니라 세계의 대통령으로서 주목을 받고 있다. 그의 아버지의 나라가 케냐이다. 이 나라를 생각하면 나는 아주 잊지 못할 기억이 있다. TV의 어느 다큐멘터리에서 땅이 쩍쩍 갈라지고, 눈이 쾡하게 들어간 어린아이가 며칠 동안 물 한 모금 마시지 못해 비쩍 말라가고 있는 장면에 대한 기억이다. 그래서 케냐는 그렇게 못사는 아프리카의 어느 외지의 나라라는 인식만 남았었다. 그런 나라에서 미국의 대통령이 나오는 세상이 되었다. 엄청난 변화이고 세계질서의 새로운 패러다임의 변화이다. 케냐인 아버지, 미국인 어머니, 노예의 피가 흐르는 부인, 재혼한 엄마가 살던 인도네시아에서 어린 시절을 보낸 흑인 대통령이다.

미국의 패권주의와 우월주위를 배 아파하던 유럽 시민들이 환호하는 대통령, 아프리카의 대통령, 아시아의 대통령, 라틴계의 대통령, 바로 그런 사람이 미국의 대통령이 되었다. 이제 어느 누구도 어느 한 나라의 사람으로 살기를 원치 않는다. 세계가 하나의 지구촌으로 사는 시대이다. 그 옛날 빅히트했던 재벌 총수의 책제목이었던 "세계는 넓고 할 일은 많다"는 말은 여전히 유효하며 그 범위가 더 넓어졌다. 많고 많은 할 일을 하나로 묶어주는 것이 바로 '말'이다. 사람들에게 '스피치' 대중연설을 오랫동안 가르치고 있는 방송인으로 오바마의 스피치를 주목하지 않을 수 없다.

오바마의 스피치를 사람들은 파워스피치, 아트스피치라고 한다. 세계를 그렇게 하나로 묶을 수 있는 오바마의 스피치는 바로 공감력 Symapthy에 의한 조화 Harmony다. 그의 메시지는 많은 사람들에게 흡입력을 이끌어낸다. 오바마는 이야기를 할 때 너 you의 문제가 아닌 우리 we의 문제로 지칭한다. 그 결과 사람들은 오바마가 뜬구름 잡는 정치가의 모습을 보이는 것이 아니라 다가온 문제들을 진정으로 이해하고 공감하려 한다고 생각한다.

이러한 그의 태도는 어머니의 영향이 컸다. 늘 "다른 사람의 입장이라면 기분이 어떨 것 같니?"라는 어머니의 말을 가슴에 새기고 다녔다. 오바마는 사람을 대할 때 이 질문을 먼저 떠올린다고 한다. 큰 호응을 받았던 2004년 보스턴 전당대회에서의 연설은 그의 내면적 심성을 잘 대변하고 있다.

"시카고 사우스사이드에 글을 읽지 못하는 아이가 있다면 비록 그 아이가 제 자식이 아니라 해도 그것은 제 문제입니다. 어딘가에서 살고 있는 노인이 돈이 없어 약값과 집세 사이에서 갈등하고 있다면 그 분이 제 할아버지가 아니라 할지라도 제 삶은 더욱 가난해집니다. 어느 아랍계 미국인 가족이 변호사 선임을 하지 못해 올바른 절차 없이 체포된다면 그 사건은 제 인권을 위협하는 것입니다."

이처럼 그는 사람들에게 자신이 그들과 똑같은 상황임을 호소하고 그들에게 진심을 드러내려 노력했다. 실제로 그와 가까운 상원의원 케리의 말에 의하면 오바마는 남들보다 뛰어난 소통 능력을 가지고 있으며, 케리가 문은 열어주었지만 그 문을 박차고 나와 대중들과 공감한 사람은 오바마 스스로였다고 말했다.

아프리카 모리셔스섬에 살던 도도새가 멸종된 이유는 세 가지이다. 첫째 도도새는 온순했으며, 둘째 적이 없었다, 그리고 셋째, 날지 못했다. 온순하고 적이 없어 날지 못하던 도도새는 서서히 멸종되어갔다. 이 세상은 스스로 독수리가 되어 날지 못하면 도도새처럼 멸종한다. 하지만 원하기만 하면 얼마든지 더 큰 세상을 얻을 수 있다, 나는 우리의 후배 아나운서들이 예쁜 도도새가 되어 한때 젊은 날의 열정으로만 사라지기를 원하지 않는다. 좀 더 세상 넓은 곳으로 날기를 원한다. 세계무대는 넓고 할 일은 정말이지 너무나도 많다.

HARMONY 4

글로벌 무대에서 더 큰 세계와 연애하라

겸손함과 당당함으로

이제 우물 안의 개구리처럼 국내에서만 뛰노는 시대는 지났다. 세계 물결의 흐름을 타고 읽을 줄 아는 시야와 감각을 요구하는 글로벌 시대다. 세계무대에서 성공할 수 있는 우리의 자세는 겸손함과 함께 당당함이다. 진정한 글로벌 리더로서의 아나운서는 우리의 문화, 전통적이고 한국적인 것에 대한 당당한 자부심이 있어야 한다. 국제화, 세계화라고해서 우리 것을 무시하는 사람들을 가끔 본다. "도대체 한국 사람들은 말이야", "그래서 엽전이라고 하지" 등등. 자기 것의 소중함을 모르는 사람들의 글로벌화는 그릇된 사대주의로 비약되기 쉽다.

서로의 다름을 인정할 줄 알고 받아들일 줄 아는 겸손한 마음 그리고 우리 것을 자랑스럽게 생각할 줄 아는 당당함이 오늘날 글로벌화에 대처하는 우리의 자세이다. 국제무대에서의 협상과 비즈니스는 누가 이기고 지고의 문제가 아니라 어느 부분에서 합의를 할 것인가의 문제이다. 세계의 시선을 받는 당당한 글로벌 리더는 상대를 알고 내 목소리를 낼 수 있는 사람이다.

문화 상대주의와 이문화

세계의 문화는 다양하게 존재하며, 각 문화는 다른 문화와 구별되는 고유한 성격과 의미를 지닌다. 문화상대주의적 입장에서 인류문화는 한 방향으로 똑같이 진화하는 것이 아니라 제각기 독자적인 방향으로 발전하기 때문에 문화의 우열을 가릴 수 없다. 따라서 이문화라는 것은 세계 문화의 다양성을 인정하고, 각 문화는 독특한 환경과 역사적, 사회적 상황에서 이해해야 한다. 나와 다른 문화를 이해하는 방식이기 이전에 사람을 이해하고 받아들이는데 필요한 글로벌 안경이라고 할 수 있다.

예를 들면 북극의 이글루라는 얼음집에 사는 이누이트 부족은 귀한 손님이 왔을 때 부인을 하룻밤 정중히 모시게 하는 풍습이 있었다고 한다. 이해가 안 될지 모르지만 그들의 입장에서는 워낙 타지 사람들과의 접촉이 없어 근친혼이 많이 이루어지기 때문에 대부분의 자손들이 건강하지 못했다. 그래서 외지인의 도움으로 건강한 자손을 보고자 하는 환경적 요인이 있었음을 이해해야 한다.

동남아의 윤회설에 의한 조장鳥葬 문화는 죽은 시체를 들판에 뿌려

새가 뜯어먹게 한다. 이 전통은 비가 오지 않는 나라의 기후에 의한 풍습 때문이라고 할 수 있다. 그러므로 우리는 내 자신의 문화를 자긍심을 가지고 보존, 발전시키면서 낯선 문화, 이국의 문화를 존중하는 마음가짐을 지녀야 한다.

손석희 아나운서와 브리짓 바르도

문화상대주의를 생각하면 우리나라의 개고기 문화를 비방하는 프랑스의 육체파 여배우 브리짓 바르도와 손석희 아나운서의 설전을 떠올리지 않을 수 없다. 손석희 아나운서는 그렇게 당차고 든든해 보일 수가 없었다. 전세계에 생방송으로 진행되었던 전화 인터뷰에서 당당하고 자신감 있는 대화, 유창한 영어, 팽팽하고 긴장감 있는 방송 감각을 유감없이 보여주었다. 아나운서를 지망하는 사람들, 나아가 청년들 모두가 본받고 배워야 할 전설 같은 일화이다.

손 : 브리짓 바르도씨의 말씀을 듣고 설득당하는 쪽보다는 불쾌하게 여기는 반응이 더 많았습니다. 여기에 대해서 어떻게 생각하십니까?

BB : 불쾌하게 생각해도 어쩔 수 없습니다만 나의 전투를 계속해나갈 것입니다.

손 : 한국의 역사와 문화에 대한 지식 없이, 개고기를 먹는다는 사실 하나만으로 비판한다는 시각이 있습니다. 당신은 한국의 문화와 역사에 대해서 얼마나 알고 계십니까?

BB : 한국의 번역된 동화를 읽은 적이 있습니다. 그 동화에서는 많은 남자, 여자들이 전통적인 한복을 입고 있었습니다.

손 : 인도에서는 소를 먹지 않는다고 해서 다른 나라 사람들이 소를 먹
는 것에 대해서 반대하지 않습니다. 이러한 문화적인 차이에 대해
서 인정하실 생각이 없으십니까?

BB : 물론 저는 그러한 문화적인 차이를 인정합니다. 그러나 소는 먹기
위한 동물이지만 개는 그렇지 않습니다. 한국을 비롯한 아시아의
몇 개국을 제외한 세계의 어느 나라에서도 개를 먹지 않습니다.
문화적인 나라라면 어떠한 나라에서도 개를 먹지 않습니다.

손 : 소를 먹기 위한 나라도 있지만 개를 먹기 위해서 키우는 나라도 있
을 수 있습니다. 개를 먹기 위해서 키우는 나라가 소수라고 해서
배척을 받는다면, 문화적인 차이를 인정하지 못하는 것 아닙니까?

그야말로 유쾌, 통쾌, 상쾌, 대한민국의 아나운서라면 이 정도는 되
어야지!

매너와 에티켓

에티켓은 국제 비즈니스라는 도로 위의 표시판이다. 국제무대에서
가장 기본적인 소통 채널이며 새로운 문화에 들어가기 위한 첫 계단
과 같다. 그렇지만 매너는 상대적인 개념이다. 상대방에 대한 존중과
배려를 우선하고 불쾌감을 주지 않고 자신이 싫다고 생각하는 일은
하지 않는 것이다.

국제매너에서의 프로토콜이라는 것이 있다. 본래의 의미는 외교에

서 의례 또는 의정서를 말한다. 넓은 의미에서는 좋은 인간관계를 구축하기 위한 기본적인 룰을 말하며 전체적으로는 첫 대면에서 사교에 이르기까지 공식/비공식적인 모든 상황을 포함한다. 간단하게 네 가지만 기억하자.

국제매너에는 2개의 'R'과 2개의 'L'이 있다.

- Rank Conscious : 서열에 신경 쓸 것
- Lady on the right : 숙녀를 항상 우측에, lady first
- Reciprocate : 대접을 받았으면 상응한 답례를 할 것
- Local respected : 현지관행 우선주의

외국어가 아니라 소통 능력이다

세계 곳곳에서 열리는 각종 세미나나 국제회의에 가면 한국 사람들은 대체로 소극적인 자세를 취한다. 바로 영어나 외국어에 대한 고민 때문이다. 특히 부인을 동반한 부부동반 모임은 더 어색해하고 기피한다. 책상에서 공부만을 해온 우리나라 인재들의 권위적이고 수동적인 능력 때문이다. 하지만 국제무대에서의 모든 일들은 사교모임에서 이루어진다.

영향력 있는 사람들 사이에서 서로 얼굴을 익히고 대화를 나누며 정보를 주고받을 수 있는 능력과 자세는 외국어 능력이 아니라 거리낌 없이 다가갈 수 있는 대화 능력. 즉 커뮤니케이션의 능력이다. 비언어적 커뮤니케이션, 바디랭귀지, 공감 능력, 아이 컨텍, 표정 읽기

등 얼마든지 자신을 표현할 수 있다. 문제는 얼마나 통했느냐, 즉 소통이 문제이다.

악수와 비즈

동서양을 막론하고 사람을 만났을 때 가장 보편적인 인사가 악수이다. 동양에서는 몸을 낮추는 절 형태가 발달한 반면 서양에서는 악수, 포옹, 볼 키스, 윙크, 제스처 등의 인사를 많이 한다. 외국에서 잘 모르는 이성이 볼에 키스(비즈)를 하더라도 단순한 인사 습관일 뿐이므로 색안경을 끼고 볼 필요는 없다. 나는 영화를 보거나 외국 사람들을 만날 때마다 애정과 반가움의 표현인 키스(입술이나 뺨에 하는 가벼운 입맞춤)를 할 때 얼굴에 립스틱을 묻히면 어떻게 하나 하는 것이 항상 궁금했다. 그런데 어느 프랑스 영화를 보고 이해가 되었다. 두 뺨에 키스를 하는데 어깨를 가볍게 잡고 양 볼에 살짝 부딪치면서 소리를 내는데 이를 '비즈(bise)'라고 부른다는 것을 알았다.

누구를 소개받거나 자신을 소개할 때 가장 많이 하는 것이 악수다. 악수할 때는 상대방의 눈을 쳐다보면서 부드럽게 미소 띤 얼굴로 손을 가볍게 쥐는 것이 좋다. 여성이라고 지나치게 힘없이 손을 내밀거나 느슨하게 잡는 것은 무기력하거나 소심한 사람으로 보일 수 있으며, 때로는 상대를 경멸한다는 오해를 불러일으킬 수도 있다. 악수를 하는 순간 그 사람으로부터 전달되어오는 기를 통해서 인연의 깊이를 확인할 수 있다. 악수의 시간의 길어봤자 3초 이내이지만 영원으로 이어갈 수 있다는 사실을 기억하고 힘 있는 악수를 해야 한다.

악수를 가장 좋아하는 사람들은 프랑스인, 이탈리아인, 스페인인 등 라틴계 사람들이다. 옛날 로마인들에게 손은 신뢰의 상징이었으며 악수하는 행위는 상대방을 신뢰한다는 표시였다. 재미있는 건 프랑스에서는 남성과 여성, 초면과 구면에 상관없이 악수를 좋아하는 반면 영국에서는 남성들 사이에, 그것도 회합의 장소나 첫 대면을 할 때 악수를 한다. 또 프랑스인들은 펌프질을 하듯이 거칠게 하며 이탈리아인은 악수하는 시간이 비교적 길다는 것도 흥미롭다.

키올라와 라마스테

악수나 비즈 말고 각 나라의 전통적인 인사도 있다.

뉴질랜드의 잘생긴 원주민 남자가 코를 내밀고 다가올 때 눈을 지그시 내려 감고 고개를 옆으로 돌리면 큰 실례다. 키스나 비즈가 아니라 그들은 코를 문지르면서 상대방을 환대한다. 세계 각국의 전통적인 인사법을 알고 그 나라 사람을 만난다면 만남 그 이상의 가치를 얻을 수 있다.

인도의 인사말은 '라마스테'이다. 라마스테라는 말은 신의 영광, 신의 축복의 의미로 "당신 앞에 절합니다"라는 뜻이다. 오늘날 인도는 내면의 세계에서 외면의 세계로 깨어나면서 유대인과 함께 세계무대에서 엄청난 영향력을 끼치고 있다. IMF의 7,000억 달러를 주무르는 젊은 인재가 35세의 인도계 미국 사람인 닐 캐시캐리다. 그를 만약 인터뷰한다면 깍듯하고 예의바른 서양 인사보다 '라마스테' 하고 친근하게 인사를 하면 어떨까? 정공법이 아니라 허를 찌르는 친근감으로

의외의 시간을 함께 보낼 수 있는 기회를 갖게 될지도 모른다. 파티복을 준비하면 파티 갈 일이 생긴다. 인생은 모르는 것이다.

마사이족과 마오리족

마사이족과 마오리족은 항상 헷갈리는 부족 이름이다. 마사이족은 오바마의 아버지의 땅 아프리카 케냐의 중앙 고지대에서 탄자니아 중부 평원에 걸쳐 살고 있는 목축민이다. 마오리족은 '키올라' 라는 인사말과 함께 코인사를 하는 잘생긴 뉴질랜드의 원주민이다. "마사이족처럼 걸어라"라는 말로 우리에게 친숙한 그들은 항상 물이 부족하기 때문에 물이 있는 곳을 찾아다니는 유목민이다. 마사이족의 인사법은 서로 얼굴에 퉤!하고 침을 뱉는 것이다. 반가운 사람일수록 많은 침을 뱉으면서 애정 표시를 한다. 이런 이문화 인사법은 그 나라의 기후와 오랜 전통에 의한다. 물이 없는 국가이기 때문에 아까운 침을 상대방에게 베푼다는 의미이다.

외국 친구를 만날 때 어느 나라 사람인가를 잘 파악한 다음 적당한 그들의 인사법으로 반가움을 표시하는 에티켓이 있어야 한다. 태국에서 생활예절의 최고의 규범으로 여기는 '와이 wai' 인사법이 있다. 태국은 불교국가이기 때문에 어디를 가든지 사찰을 발견할 수 있다. 그래서 만나는 사람마다 두 손을 합장하면서 인사를 한다. 몽고에서는 반가운 사람을 만나면 자신의 귀를 잡아당기면서 혓바닥을 길게 내민다. 얼마나 길게 혓바닥을 내미는가에 따라서 반가움과 친근감의 정도를 표시하는 것이라니, 그럼 혀가 짧은 사람은?

이누이트들은 반가움을 나타낼 때 상대방의 뺨을 때린다. 오세아니아의 통가인들은 머리를 맞대고 두 눈을 마치 성난 사람처럼 위 아래로 굴려서 인사를 한다. 통가인을 만나기 전에 이누이트를 먼저 만나면 되겠다.

손짓과 발짓

각 나라별 문화권에서는 감정을 표현하는 신체적 제스처가 다르다. 이것을 비언어적 커뮤니케이션이라고 한다. 정서적으로 다른 문화권의 사람을 만나면 제일 많이 혼동하는 언어이기도 하다.

우선 머리를 끄덕이면 우리는 Yes의 의미로, 좌우로 흔들면 No의 의미로 이해한다. 그런데 불가리아나 그리스, 터키에서는 그 반대로 행동한다. 눈으로 윙크를 했을 때 미국과 유럽에서는 은밀하게 서로 비밀을 공유한다는 뜻인데 네덜란드에서는 미쳤다는 뜻이다. 이탈리아에서 귀를 잡으면 호모라는 뜻이고 인도에서는 사과의 의미다. 또 엄지와 검지를 동그랗게 모은 OK는 한국과 일본에서는 '돈' 의 의미고 터키에서는 동성연애, 프랑스에서는 0 또는 '없다' 의 의미인데 브라질에서는 아주 외설스런 의미이다. 엄지를 치켜들면 일반적으로는 '좋다', 'OK' 라는 의미인데 독일은 '1' 일본에서는 '5' 의 의미이다. 또 승리의 표시인 'V' 가 손을 안으로 하면 영국에서는 '엿 먹어라' 의 의미이다.

이처럼 말이 통하지 않을 때 신체 부위를 사용하는 비언어적 커뮤니케이션에는 나라마다 그 뜻이 다르기 때문에 무조건 말이 안통하면 바디랭귀지로 하면 된다는 무대포 정신이 어떨 때는 상당히 위험할 수도 있음을 알아야 한다.

소주와 와인의 환상

우리나라의 대표적인 술은 소주이다. 화끈하고 강렬한 맛으로 많은 애주가들의 사랑을 받는다. 와인은 아주 다양한 빛깔과 맛으로 세계적으로 많은 사람들의 기호와 대화의 소재로 품격 있게 오르내리는 술이다. 소주는 집단문화의 대표적인 술이지만 와인은 단순한 음료가 아니라 인격을 대변하는 술이다. 왜냐하면 소주는 지극히 평면적 one way 커뮤니케이션이고 와인은 입체적 two way 커뮤니케이션이다.

소주는 소속감을 갖게 하며 전체적인 건배 한 번으로 분위기가 통합되는 매력이 있다. 의기투합, 의사소통, 캬! 한마디로 모든 것이 오케이다. 우리나라 사람들은 이런 맛에 술을 마신다. 하지만 와인의 '치어스 cheers'는 함께한 모든 사람과 전부 아이 컨텍을 나누어야 한다. 소주는 잔으로 건배를 하고 와인은 눈으로 건배를 한다. 소주는 집단을 중시하고 와인은 한 사람 한 사람을 다 중요시하는 서양의 개인주의와 너무 닮았다. 소주와 함께 나오는 음식은 쓴맛을 가라앉히는 안주이지만 와인은 서양요리의 맛을 북돋워주는 음료로서의 성격이 강하다.

진정한 글로벌 리더라면 소주 마실 때는 화끈하게 잔을 들어 건배를 나누고, 와인을 마시는 자리에서는 우아하게 눈빛을 교환할 수 있는 세련된 매너를 갖추면 된다. 문제는 소주 마시면서 와인을 어설프게 흉내 낸다든지 와인 마시는 자리에서 잔을 치켜들고 집단으로 건배를 제창하는 분위기를 만들지 말아야 한다.

알라까르떼와 테이블 드호

사람과 가까워지려면 세 가지 일을 함께 해보라는 말이 있다. 첫째, 함께 자는 것, 둘째, 함께 씻는 것 그리고 셋째는 함께 먹는 것이다. 서양의 한 끼 식사는 먹는데 뭐가 이렇게 까다롭고 복잡하냐고 불평할 정도이지만 서양의 테이블 매너는 글로벌 기준에 맞춘 글로벌 스탠더드 매너이다. 우리나라 여성들은 대부분 테이블 매너는 고등학교 때 가정 시간에 배웠던 것밖에는 별로 정통하게 배운 적이 없다. 그런데 갑자기 해외 출장을 가거나 다른 나라 사람들과 함께 식사를 할 경우에는 대략난감, 실수연발을 일삼는 경우가 많다.

서양의 테이블 매너는 아는 만큼 힘이고 모르면 약이다. 음식을 먹는 방법에는 두 가지가 있는데 모든 메뉴를 한 가지씩 시켜먹는 것이 알라까르떼(A La Carte)이고 일련의 요리들이 묶어서 나오는 세트메뉴가 테이블 드호(Table d'hote)이다. 문제는 서양요리에 대한 전문적인 상식이나 지식이 없을 경우에는 그냥 테이블 드호의 식사를 주문하면 되겠지만 특별하게 뭔가 먹고 싶어 알라까르떼 식의 주문을 할 때는 완벽한 지식과 세련된 발음이 중요하다. 하지만 자신이 없을 경우에는 주방장이나 웨이터의 추천을 받는 것도 괜찮은 방법이다. 틀리거나 서툰 발음으로 자신감 있게 주문할 때의 썰렁함이란. 외국어가 완벽하지 못한 것은 나쁜 일이 아니다. 그러나 정중하게 도움을 받는 자세가 더 세련되어 보인다. 기본적으로 서양의 매너는 편안함과 상대에 대한 배려가 기본 원칙이다.

'남좌여우' 와 '좌빵우물'

파티에서나 공식석상에서 인사를 하거나 정중하게 소개를 받을 때 손은 어떻게 할까? 손이 편리한 신체부위이기는 하지만 격식을 차릴 때 가장 어색하고 불편하게 느껴질 때가 많다. 뒤로 할까, 옆으로 반듯하게 붙일까? 둘 다 어색하다. 공손하게 두 손을 공수하는 자세가 가장 자연스럽다. 남좌여우, 남자는 왼손이 여자는 오른손이 살포시 앞으로 나오게 하는 것이다. 그리고 아이 컨텍을 하면서 허리를 약간 숙이는 정도로 인사를 한다.

식사를 할 땐 '좌빵우물'을 기억하면 된다. 좌측의 빵과 우측의 물이 내 것이라는 것을 명심하라. 식사 때는 당황하지 말고 바깥에서 안쪽으로 나이프와 칼을 사용하면 된다. 여성의 핸드백은 의자와 등 사이에, 칼과 나이프의 각도는 90°가 가장 섹시해 보인다는 것쯤은 알고 있자.

냅킨은 언제 펼치는 것이 좋을까? 모두가 자리에 착석 후에 주문 전에 펼치는 것이 적절한 타이밍이다. 테이블에는 손목만 살짝 올리고 팔꿈치가 올라오지 않도록 하는 것이 바람직하며 식기나 조미료통을 이동할 때 몸을 움직이기보다는 옆 사람에게 살짝 부탁하는 것이 좋다. 최고로 닭살스러운 애교와 매혹적인 아이 컨텍으로 'Please', 'Excuse me'. 그리고 자연스럽게 맛있는 음식을 즐기기만 하면 된다. 우아하고 도도한 테이블 매너, 굿 센스!

에피타이저에서 디저트까지

에피타이저는 시작, 디저트는 종결의 의미이다. 에피타이저는 식전에 식욕을 돋우기 위한 전채요리이고 디저트는 식사가 끝날 때의 마무리 요리이다. 디저트는 '치우다'라는 의미가 있다. 풍부한 정찬을 맛있게 먹은 후 다 치우고 입가심을 한다는 의미이다. 모든 일은 시작이 있으면 끝이 있게 마련이다. 문제는 무엇을 시작했으며 무엇을 끝맺었는가를 정확하게 아는 것이 중요하다. 정찬의 프로세스에서 나오는 각종 요리와 양념들, 식기세트와 테이블 장식 하나하나에도 다 그날의 의미와 메시지가 있음을 아는 센스가 필요하다.

와인과 함께 하는 시작의 에피타이저와 끝 마무리를 하는 디저트의 프로세스를 보자. 샴페인과 함께 마음의 문 열기, 건배의 말과 함께 분위기 조성, 화이트와인과 함께 바람잡기, 레드와인과 함께 감정이입, 비싼 레드와인으로 회심의 결정타, 디저트 와인으로 마무리, 심적 부담 정리, 브랜디로 패자부활전, 다음날 감사카드로 불 지피기, 답례형 인사로 정기적인 사후관리로 이어진다. 서양의 테이블에서의 식사는 대화의 즐김, 인맥과 유익한 정보의 교환, 그날 하루의 삶과 역사가 이루어지는 장소이다.

볼링핀이 되지 말고 볼링공이 되어라

어느 모임에서든지 소위 말하는 킹카와 폭탄이 있다. 썰렁한 폭탄이 되고 싶은가? 주목받는 킹카가 되고 싶은가? 자신의 매너와 태도에 달려 있다. 볼링핀은 누군가가 자신에게 말을 걸어주기를 바라기만 하는 아주 수동적인 사람이다. 그렇지만 볼링공은 몸을 굴려 모든 사람들에게 적극적으로 알리는 사람이다. 국제무대에서는 당연히 볼링핀과 같은 사람은 곤란하다. 움직이면서 친구를 찾아다니는 적극적인 볼링공이 되어야 한다.

그런데 문제는 명랑하고 적극적인 것은 좋지만 아무데나 들이대면 안 된다. 모두가 슬슬 피하고 싶은 폭탄이 된다. 존재로서 분위기를 장악하라. 몸은 아주 우아하고 고혹적인 자태로 움직이되 눈으로 사람들을 끌어당겨야 한다. 무림의 고수는 화려한 몸놀림을 하지 않는다. 나비처럼 가볍게 날아 벌처럼 핵심을 정확하게 쏘아야 한다.

3초의 아이 컨텍으로 아이 캐치, 3분 동안의 대화로 마인드 캐치, 그리고 3시간 이상 그를 내 사람으로 만드는 333의 법칙을 기억하는가? 얼마나 멋진 매너인가! 세계무대에서의 성공은 적극적이고 강력한 눈맞춤의 파워다.

표준화 다음에 차별화다

표준화는 모든 사람들에게 공감대를 줄 수 있는 최소한의 수준이다. 여기서 반 발짝 튀어오를 수 있는 매력이 개성이고 차별화이며 경쟁력이다. 차별적 매력은 아주 잘 다듬어진 기본기를 바탕으로 한다는 것을 명심해야 한다. 아무데나 튀어보자고 하는 것은 매너와 수준이 없는 행동이다. 친한 사람들 사이에서는 가볍게 웃고 지나갈 수 있는 문제지만 국제무대에서는 매너 없는 사람으로 낙인찍히면 기회가 다시는 오지 않는다는 것을 명심해야 한다. 겸손함으로 최소한의 매너를 갖추고 당당함으로 경쟁력을 나타내야 한다. 표준화와 차별화가 국제문화에서는 각 나라의 특수성보다 보편성에 입각한 글로벌 에티켓으로 존재한다.

TIPS

글로벌 에티켓의 6대원칙

● **시간을 잘 지켜라**

시간을 잘 지키지 않는 아프리카나 후진국 나라들도 많지만 일단 국제무대에서는 시간과 입장을 배려하는 것이 중요하다. 글로벌 에티켓의 첫째는 시간을 철저하게 지키는 것이다.

● **신중하라**

좋은 매너가 분별력을 가져다준다. 지나친 우월주의와 열등감은 대등한 대화의 상대로 곤란하다. 항상 신중하고 대등한 매너를 갖추어라

● **공손하고 명랑하며 긍정적으로 행동하라**

성공은 15%의 전문지식과 85%의 인간관계에서 이루어진다. 공손, 명랑, 긍정은 어느 나라 사람을 만나도 통할 수 있는 만국 공통의 매너이다.

● **자신뿐만 아니라 다른 사람에게도 관심을 가져라**

그릇된 편견과 집단 이기주의를 버려야 한다. 서로 다름을 인정하고 긍정적 시각으로 세상을 보면 색다른 호기심과 매력을 느낄 수 있다.

● **적절한 복장을 갖춰라**

TPO에 맞게. 이미지도 경쟁력이고 패션도 비즈니스다. 형식이 내용을 지배하기도 한다. 세련된 이미지는 유창한 말이나 논리보다 더 큰 힘을 발휘할 때가 있다.

● **적절한 문어(文語)와 구어(口語)를 사용하라**

한눈에 누구나 알아보기 쉽게, 표준화된 양식을 사용하는 것이 상대방의 시간을 절약해주며 배려하는 마음이다.

개미와 베짱이 누가 더

개미는 항상 부지런하고 열심히 산다. 그렇지만 그 이상의 가치를 창출해내지는 못한다. 하지만 베짱이는 나무 그늘에 앉아서 쉬는 것이 아니라 끊임없이 먹잇감을 찾는다. 유명한 축구스타 중에는 열심히 운동장을 뛰어다니지만 항상 골 결정력에서 아쉬움을 남기는 선수들이 있다. 열심히 나무를 보지만 전체적인 숲을 보지 못한다고나 할까.

열심히 하는 것만 중요한 것이 아니라 성과를 내는 것 또한 중요하다. 이것이 국제적 감각의 경쟁력이다. 열심히 뛰는 개미와 결정적인 순간에 나타나는 베짱이의 몸값의 차이는 엄청나다. 국제무대에서의 경쟁은 영악하면서도 느긋한 베짱이들의 두뇌싸움이다. 화려한 파티나 무도회, 국제회의에서 유유자적 즐기는 것 같지만 그들의 머릿속의 레이더는 엄청난 촉수로 돌아가고 있다. 그들의 화려한 웃음과 매너에 속는 착한 먹잇감이 되지 말라.

파티와 잔치는 같지만 다르다

한국에서 하는 것은 잔치이고 외국에서 하는 것은 파티이다. 우리나라에도 어느덧 외국의 파티 형식을 모방한 모임이 잦아지고 있다. 하지만 사실은 오래 전부터 행해져온 집들이나 생일잔치, 결혼식, 장례식, 환갑연 등은 모두 파티라고 할 수 있다. 잔치는 푸짐한 음식과 함께하는 인정과 정이 넘치는 풍류이지만 파티는 센스이고 쇼핑과 같은 것이다.

같은 말인 것 같지만 잔치는 사전준비가 필요하지 않고, 파티는 미리 살 물건을 체크한다. 드레스코드와 사전 정보가 무엇보다도 중요하다. 파티는 분위기에 맞는 세련된 복장으로 준비를 하고 무엇을 살 것인가를 체크한다. 그리고 잔치는 걸쭉하게 한판으로 끝나지만 파티는 그 다음부터 비즈니스가 시작된다는 것이 다르다.

유머는 살이고 조크는 뼈다

유머감각은 긴장되고 심각한 상황을 반전시키는 효과가 있다. 잘만 사용하면 분위기를 주도할 수 있고 신선하게 시선과 주목을 받는다. 그런데 외국에서 현지인들의 유머를 이해하는 데는 상당한 시간이 걸린다. 괜히 어설픈 유머를 사용하다가 오해를 사는 경우도 있다. 특히 그 나라의 문화나 종교, 대표적인 사람을 직접적으로 지칭해서 하는 유머는 상당히 위험하다. 친하게 지내보려고 했던 유머가 자칫 민족 감정을 상하게 할 수 있기 때문이다. 빈정거림이나 비꼬는 말은 정말 대략난감, 수습불가다.

그런데 조크는 상당한 재치와 입담을 바탕으로 한다. Finish blow 한 방 먹이기. 이 정도의 조크를 날릴 수 있는 사람이라면 당신은 이미 그 자리를 마음대로 요리할 수 있는 능력을 가진 사람이다.

선물과 감사편지의 마력

보통 선물은 반가움의 표시이고 편지는 감사함의 표시로 많이 사용한다. 요즘 '포트락 파티'라고 하여 초대를 받았을 경우 빈손으로 가는 것보다 간단한 선물이나 음식을 준비해 가는 경우가 있다. 그런데 중국 사람으로부터 초대를 받았을 경우 절대로 먹을 것을 선물로 가져가지 않는다는 것을 유의하라. 그들은 요리에 대한 프라이드가 있기 때문에 음식을 가져간다는 것은 큰 실례가 될 수 있다.

일본 사람에게는 흰색 꽃을 선물하지 않으며 미국에서의 백합은 죽음을 의미한다. 독일 사람에게는 13송이 꽃은 선물하지 않으며 포장지와 리본을 사용하지 않는다. 프랑스 사람에게 카네이션은 불길한 징조의 꽃이다. 그리고 장미는 구애의 뜻이 있으므로 반드시 연인에게만 선물한다. 이슬람교도의 나라에서는 돼지고기와 술을 선물하지 않는다는 것쯤은 이제 상식이다.

그리고 어느 나라든지 초대를 받고난 후 돌아왔을 때 반드시 상응하는 초대를 하든지 감사카드를 보내는 것이 예의다. 감사카드를 보낼 때는 의례적이고 형식적인 편지는 별로 호감을 주지 못한다. 초대한 것에 대한 고마움과 그날 있었던 경험이나 추억에 대한 구체적인 사례를 들어 칭찬을 하면 훨씬 더 효과가 있다. 예를 들면 "그날 칠면조 고기는 먹어본 것 중에서 가장 맛이 있었습니다. 부인의 소스에 대한 남다른 노하우가 있는 것 같은데 다음에 배울 수 있는 기회가 있기를 진심으로 바랍니다." 이런 편지를 받으면 파티를 치른 피로함이 봄눈 녹듯이 사라지고 다른 어떤 사람보다도 더 친근감을 가지는 친구가 될 수 있다.

에티켓과 네티켓은 왜 중요한가

에티켓은 이 땅에 발을 딛고 사는 사람들 간의 예의범절이다. 어린

아이들은 태어나자마자 부모로부터 말과 함께 사람들과의 관계에 대해 하나씩 배운다. 그런데 우리에게는 또 하나의 삶의 터전이 생겼으니 바로 WWW(Word Wide Web)이다. 어느새 우리는 가상의 세계인 인터넷 없이는 살 수 없는 세상이 되었다. 사이버 공간을 자유롭게 누비며 정보를 교환하며 즐기는 시대가 된 것이다. 여기서의 예의범절을 네티켓 Netiquette이라고 하는데 네트워크 Network와 에티켓 Etiqeutte의 합성어다.

그러나 주어진 자유만큼 행동이 자유롭고 대부분 익명으로 대할 수 있다는 요건 때문에 책임이 사라지는 곳이기도 하다. 여기에는 나라도 국경도 부모도 선후배도 상하 개념도 없다. 네티켓은 일정한 틀에 얽매인 규율과 규범이 아니다. 네티즌 나름대로 만들어가고 실천하는 나눔의 문화이다. 인터넷 공간은 나에게 무한정 자유를 보장해주는 공간인 동시에 세계 모든 사람들에게도 열려 있는 공간이라는 사실을 인식할 때 비로소 성숙한 세계 시민으로서의 자부심을 가질 수 있다.

글로벌 지수 개발 테스트

다음은 나의 글로벌 지수를 진단하는 테스트이다. 각 문항에 대해 읽는 즉시 답을 해야 한다. 15개 이상 긍정적인 답을 할 수 있으면 글로벌 지수가 높은 편이다. 개수에 상관없이 자신의 현실을 파악해보자. 단순한 기능적인 것보다 세계시민으로서의 자질을 가지는 것이 글로벌 리더십의 최우선 과제이다.

❶ 다른 나라 사람들과 함께 있어도 전혀 어색하지 않다.

❷ 다른 나라의 음식도 가리지 않고 잘 먹는다.

❸ 말이 잘 통하지 않을 때는 표정이나 바디랭귀지로도 의사전달을 할 수 있다.

❹ 외국어를 몰라도 지도만 있으면 세계 어디든지 갈 수 있다.

❺ 호기심을 자극하거나 잘 모르는 것이 있으면 바로 인터넷 검색을 한다.

❻ 인터넷 검색을 매일 해야 한다. 하루도 하지 않으면 살 수가 없다.

❼ 다른 사람들이 잘 모르는 전문 사이트를 10개 이상 알고 있다.

❽ 채팅으로 모르는 사람과 대화를 즐긴다.

❾ 인맥관리를 컴퓨터로 체계적으로 하고 있다.

❿ 메일이나 자료는 분야별로 검색하고 정리하는 날이 정해져 있다.

⑪ 최근 웬만한 영화나 음악은 DVD로 다 본다.

⑫ 외국어는 영어 외에 1개국 이상 자유롭게 대화할 수 있는 수준이다.

⑬ 1년에 한두 번 이상은 해외여행을 하는 편이다.

⑭ 해외에 나가면 만날 수 있는 친구들이 3명 이상 있다.

⑮ 해외에서 한 달 이상 혼자 지낼 수 있다.

⑯ 새로 나온 최신 디지털기기에 관심을 가지며 최신 정보를 입수한다.

⑰ 게임이나 간단한 프로그램을 만들어 본 적이 있다.

⑱ 핸드폰 요금이 보통 사람에 비해 두 배 이상 많이 나온다.

⑲ 한 손으로 핸드폰 문자 메시지를 보낼 수 있다.

⑳ 일정하게 국내, 해외 구호단체에 기부하고 있다.

– 〈나로부터 시작하는 물결리더십〉 The Wave 중에서

1 세계는 넓다. 꼭 가보고 싶은 곳 3곳을 떠올려라.
그곳에 가기 위해 어떻게 해야 할지를 구체적으로 적어보라.

----

2 글로벌한 여성이 되기 위해서는 어떻게 하면 좋을까?
구체적인 계획을 세워보라.

----

3 비즈니스 관계로 아프리카에 가서 대규모 프로젝트를 협상 중이다.
그런데 그들이 혐오식품을 정성껏 준비해 내놓았다.
어떻게 할 것인가?

또 다시 기본으로

'피니싱 스쿨 Finishing School'이라고 들어보았는가? 피니싱 스쿨은 영국의 전통적인 귀족학교였다. 1960년대 이후 페미니즘운동과 귀족의 몰락, 그리고 일반인들에게도 교육의 기회가 균등하게 주어지면서 차츰 그 열기가 사라지는 듯했다. 그런데 요즘 다시 피니싱 스쿨이 매우 인기라고 한다. 영국을 중심으로 유럽과 인도, 싱가포르 등 신흥국가들에서도 많은 관심을 보이고 있다.

피니싱 스쿨은 10대 소녀들을 대상으로 상류사회의 에티켓과 교양, 매너 등 다양한 문화적 적응 능력을 가르치는 일종의 예비학교다. 이제는 물론 귀족이나 공주를 키우는 것이 아니라 세계의 리더를 키우는 교육이다. 교양 있는 대화법, 품격 있는 옷차림, 파티매너와 예절을 배우며 세계의 어떤 사람들을 만나더라도 자신감 있고 당당하게 자신을 소개하며, 서로의 문화를 공유하고 상대방을 이해하는 세계시민으로서의 리더의 양성을 위해서이다.

미국의 오바마 대통령 시대를 맞이하여 이제는 그야말로 인종과 국가를 초월하는 시대에 살고 있다. 어떤 민족이나 국가도 우월할 수 없다는 문화 상대주의相代主意와 서로의 다름을 인정하는 이문화에 대한 이해에서 출발해야 한다.

지금 다시 주목받고 있는 피니싱 스쿨에서는 강대국과 민족 우월주의적 사고와 이데올로기 속에서 질서되었던 기존의 가치관을 허물고 있다. 세계인이 모두 함께 따를 수 있는 가치로서의 매너와 품격을 익히기 위한 교육이다. 전통적인 예절과 매너를 배움으로써 기본에서 다시 시작하자는 인간성 회복의 부르짖음이 아닌가 생각한다. 그래서 또 다시 기본이 강조되고 있다.

감성 서비스시대를 이끄는 글로벌 리더

미래학자들은 정보화시대 다음의 사회는 감성서비스의 사회가 올 것이라고 했다. 이러한 환경에서는 많은 전문 직업들이 첨단기술로 대체될 것이다. 첨단의 기술과 창의적인 능력은 그 끝을 모를 정도로 발전하고 또 발전하고 있는데, 그것을 함께 공유할 사람들의 마음은 점점 더 단절되거나 변질되어 가고 있다. 누가 우리를 칭찬하고 격려하며, 사랑하고 용서하며 가슴 따뜻하게 껴안아줄 것인가? 너무나 다양한 민족의 소리, 너무도 독특한 각양각색의 이해관계들이 난무한 오늘날의 지구촌사회에서 사람들은 구심점을 잃어간다.

그런 맥락에서 세계무대에서도 당당한 글로벌 리더는 국제사회의 신호등과 표지판과 같은 역할을 한다. 또 글로벌 매너는 국제무대에서의 가장 기본적인 소통의 채널이며 새로운 문화에 들어가기 위한 첫 단추이다. 글로벌 매너와 에티켓의 가장 우선 원칙은 상대방에 대한 배려이다. 배려의 마음으로 상대에 대한 매너와 에티켓을 담아 낼 수 있는 그릇이 품격이다.

오늘날의 매너와 에티켓은 형식적이고 까다로운 귀족문화에 바탕을 둔 정통적인 예절을 벗어나 세계시민으로서의 기본과 문화를 서로 공유하고 이해하는 것이다. 세계 사람들이 공통으로 합의하고 가장 좋아할 수 있는 기준, 그것은 이제 주장이나 이론이 아니라 보여줌으로써 나타난다.

매혹의 품격으로 세계와 소통하자

글로벌 영상미디어 시대, 미디어 매체의 주인공이 바로 국가와 나라를 뛰어넘어 아나운서라는 직업을 가진 사람들이다. 아나운서는 주장이나 이론이 아니라 보여줌으로써 말한다. 아나운서는 누구의 목소리도 아닌 오로지 객관적이고 사실적인 양심과 정의에 의해서 목소리를 낸다. 아나운서는 연예 스타들과는 차별화된 이미지로 대중으로부터 신뢰감과 존중을 받고 있다. 아나운서는 가장 주도적이고 긍정적인 삶의 주체이다. 그런 의미에서 아나운서의 사고방식은 중요하다.

오늘날 아나운서 전성시대를 맞이하고 있다. 최고의 직업, 신부감 1위, 며느리감 1위로 손꼽을 정도로 아나운서는 사회적으로 잘 검증된 직업임에 틀림없다. 아나운서처럼 세련되기, 품격 있기, 주목받기. 많은 사람들이 아나운서처럼 화려한 스포트라이트를 받으며 주목받고 싶어 하지만 철저하게 준비를 한 사람은 그리 많지 않다. 화려한 욕망 뒤에는 너무나 엄격한 품격을 요구하기 때문이다.

요즘 일본에서는 지나친 성공일변도의 유능한 여성보다는 서로의 삶에 가치를 주고받을 수 있는 품격을 갖춘 여자가 되는 것을 우선시하고 있다. 아나운서는 사회적으로 이런 가치와 품격을 잘 대변하고 있다. 아나운서가 모든 여성들의 행동과 의식의 절대적인 기준은 아니지만 의식의 수준, 지성, 교양, 엔터테인먼트의 자질을 갖춘 것만은 분명하다. 그 매혹적인 품격을 살려 모든 여성들이 멋지고 아름다운 삶을 살기를 바라는 마음이다.

너무 성공지향적인 사고방식으로 살다보면 우리 인간이 가져야 할 기본의 품격을 상실하고 만다. 나름대로 창의적인 삶이 있어야 하고 그에 맞는 교양을 갖추어야 한다. 그 품격과 교양이 쌓일수록 인생도 좀더 멋지고 매력적일 것이다.

이 책은 20~30대에 직업을 선택함에 있어 가장 주목받는 직업인 아나운서를 통해 자신의 정체감을 높이자는 내용이다. 그리고 아나운서라는 직업 현장의 생생한 감동과 여운이 살아 있는 책이다. 아나운서의 대모이며 명품 아나운서 조련사로서 현재 많은 주목을 받고 있는 봄온 아나운서 아카데미의 성연미 원장을 모델로 하여 그녀의 눈을 통해 본 21세기 영상미디어의 주인공 아나운서를 통해 새로운 여성 인재상을 제시했다.

이제 더 이상 이 세상에 새로운 지식은 없다. 직업 현장에서 20년 이상 실무경험을 터득한 서비스 아카데미와 아나운서 아카데미와의 퓨전과 결합을 통해 디지털 정보화 시대에 맞는 인재상과 교육모델을 제시했다는 데 의의가 크다. 그녀와 함께 웃고 울며 동시대의 아픔을 함께한 동지 같은 마음으로 많은 대화를 나누며 이 글을 썼다. 그리고 우리는 또 그렇게 의기투합하여 이 시대의 교육자로서, 여성 리더로서 당당하게 살 것이다.

필자는 기업이나 대학에서 강의를 할 때 품격을 갖춘 성공하는 리더가 되기 위해서는 다음과 같이 7가지의 가치기준을 내면과 외면에 품을 수 있어야 한다고 강조한다. 사람들을 건강하게 매료시킬 수 있는 매혹, 전문 직업인으로서의 전문성, 세련된 절제미, 많은 사람의 시선을 사로잡는 당당하고 멋있는 자세와 스타일, 어떠한 어려움에도 자신을 지켜내는 건강한 자존심, 인생의 맛과 자신의 색깔을 낼 줄 아는 경제적 감각, 그리고 세상과 바르게 소통하는 하모니의 능력이다.

이러한 가치기준이 엄격한 자기 수련을 통해서 자신의 인생에 대한 호기심과 매력을 지속시키고, 그 도전과 용기의 힘으로 품격 있는 삶, 봉사하는 삶, 당당하게 주목받는 인생을 설계하는데 큰 밑거름이 되리라 생각한다.

유혜선

세상을 움직이는
그녀의 명품 스피치

초판 1쇄 발행 | 2010년 9월 25일

지은이 | 유혜선, 성연미
발행인 | 임정은
기　획 | 김도연
표지디자인 | 이용희
본문디자인 | 정현옥
그　림 | 서수연

발행처 | (주)SJ소울
주　소 | 경기도 성남시 분당구 야탑동 211-3 매화마을 근린상가 211호
문　의 | 031-701-3167
팩　스 | 031-701-3168
등　록 | 2008년 10월 29일 제2010-000015호

값 12,000원

ISBN | 978-89-94199-13-9　　13320

이 책은 〈아나운서처럼 세상과 연애하라〉의 개정판입니다.

이 책은 저작권법의 보호를 받는 저작물이므로
(주)SJ소울의 동의 없이는 어떠한 형태나 수단으로도
책의 내용을 사용하지 못합니다.

잘못된 책은 바꿔드립니다.